CASAIS *Felizes* PERMANECEM JUNTOS

DISCIPLINA POSITIVA PARA RELACIONAMENTOS

Jane Nelsen • Mary Nelsen Tamborski • Amber Traina

CASAIS *Felizes* PERMANECEM JUNTOS
DISCIPLINA POSITIVA PARA RELACIONAMENTOS

Ilustrações de Bill Schorr

Tradução de Bete P. Rodrigues e Ruymara Almeida

manole
editora

Título original em inglês: *Keeping the Joy in Relationships*
Copyright © 2023 Jane Nelsen, Mary Nelsen Tamborski and Amber Traina.
Todos os direitos reservados.
Publicado mediante acordo com Empowering People, Inc.

Editora: Lívia Oliveira
Projeto gráfico: Departamento Editorial da Editora Manole
Ilustrações de capa e miolo: Bill Schorr
Diagramação: Amarelinha Design Gráfico
Adaptação de capa: Ricardo Yoshiaki Nitta Rodrigues
Tradução: **Bete P. Rodrigues**
> Treinadora certificada em Disciplina Positiva para pais e profissionais pela Positive Discipline Association. Mestre em Linguística Aplicada (LAEL-PUC/SP). Escritora, palestrante e consultora para pais, escolas e empresas. Professora da COGEAE-PUC/SP e Coordenadora da Pós-Graduação Integral em Educação Parental

Ruymara Almeida
> Graduada em Letras Português e Inglês pelas Faculdades Oswaldo Cruz. Responsável pela formação e desenvolvimento de professores e coordenadores em uma rede de ensino de idiomas e um sistema bilíngue. Certificada em Disciplina Positiva para pais, Disciplina Positiva na sala de aula e Empowering People in the Workplace pela Positive Discipline Association

CIP-BRASIL. CATALOGAÇÃO NA PUBLICAÇÃO
SINDICATO NACIONAL DOS EDITORES DE LIVROS, RJ

N348c

Nelsen, Jane
   Casais felizes permanecem juntos : disciplina positiva para relacionamentos / Jane Nelsen, Mary Tamborski, Amber Traina ; ilustração Bill Schorr ; tradução Bete P. Rodrigues, Ruymara Almeida. – 1. ed. – Barueri [SP] : Manole, 2025.

   Tradução de: Keeping the joy in relationships
   Inclui índice
   ISBN 978-85-204-6736-7

   1. Disciplina positiva – Casamento. 2. Conflito conjugal – Prevenção. 3. Comunicação no casamento. I. Tamborski, Mary. II. Traina, Amber. III. Schorr, Bill. IV. Rodrigues, Bete P. V. Almeida, Ruymara. VI. Título.

25-97203.0   CDD: 646.78
                                    CDU: 316.776.4

Gabriela Faray Ferreira Lopes - Bibliotecária - CRB-7/6643

Todos os direitos reservados.
Nenhuma parte deste livro poderá ser reproduzida,
por qualquer processo, sem a permissão expressa dos editores.
É proibida a reprodução por fotocópia.

Toda marca registrada citada no decorrer deste livro possui direitos reservados e protegidos pela Lei de Direitos Autorais 9.610/1998 e outros direitos.

A Editora Manole é filiada à ABDR – Associação Brasileira de Direitos Reprográficos

Edição – 2025

Direitos em língua portuguesa adquiridos pela:
Editora Manole Ltda.
Alameda Rio Negro, 967 – cj 717
Alphaville – Barueri – SP
CEP 06454-000
Fone: (11) 4196-6000
www.manole.com.br | https://atendimento.manole.com.br/

Impresso no Brasil
Printed in Brazil

Aos meus três maridos (todos bons homens e pais de sete filhos maravilhosos), Jim, Ken e Barry.
♥ *Jane*

Ao meu amoroso e hilário marido, Mark. Mesmo com alguma relutância inicial em ser o "cobaia" dessas ferramentas, agradeço seu entusiasmo, esforço e apoio em trazê-las para o nosso casamento – e em apoiar minha carreira para que eu possa compartilhá-las com outras pessoas. Juntos há 27 anos e casados há 21, sabemos que casamento exige esforço. Ao aplicar os princípios da Disciplina Positiva e utilizar as ferramentas de Casais felizes permanecem juntos: Disciplina Positiva para relacionamentos, *conseguimos investir um no outro e continuar a aprender, crescer e evoluir juntos.*
♥ *Mary*

A minha avó, Jane. A mudança que você inspirou irá repercutir em muitas gerações futuras.
♥*Amber*

Durante o processo de edição desta obra, foram tomados todos os cuidados para assegurar a publicação de informações técnicas, precisas e atualizadas conforme lei, normas e regras de órgãos de classe aplicáveis à matéria, incluindo códigos de ética, bem como sobre práticas geralmente aceitas pela comunidade acadêmica e/ou técnica, segundo a experiência do autor da obra, pesquisa científica e dados existentes até a data da publicação. As linhas de pesquisa ou de argumentação do autor, assim como suas opiniões, não são necessariamente as da Editora, de modo que esta não pode ser responsabilizada por quaisquer erros ou omissões desta obra que sirvam de apoio à prática profissional do leitor.

Do mesmo modo, foram empregados todos os esforços para garantir a proteção dos direitos de autor envolvidos na obra, inclusive quanto às obras de terceiros e imagens e ilustrações aqui reproduzidas. Caso algum autor se sinta prejudicado, favor entrar em contato com a Editora.

Finalmente, cabe orientar o leitor que a citação de passagens da obra com o objetivo de debate ou exemplificação ou ainda a reprodução de pequenos trechos da obra para uso privado, sem intuito comercial e desde que não prejudique a normal exploração da obra, são, por um lado, permitidas pela Lei de Direitos Autorais, art. 46, incisos II e III. Por outro, a mesma Lei de Direitos Autorais, no art. 29, incisos I, VI e VII, proíbe a reprodução parcial ou integral desta obra, sem prévia autorização, para uso coletivo, bem como o compartilhamento indiscriminado de cópias não autorizadas, inclusive em grupos de grande audiência em redes sociais e aplicativos de mensagens instantâneas. Essa prática prejudica a normal exploração da obra pelo seu autor, ameaçando a edição técnica e universitária de livros científicos e didáticos e a produção de novas obras de qualquer autor.

Sobre as autoras

Dra. Jane Nelsen, mãe de sete filhos, 22 netos e 21 bisnetos (mais por vir), foi casada três vezes – agora há 51 anos com seu marido muito apoiador, Barry. Ela é uma aprendiz ao longo da vida – e realmente vê os erros como oportunidades de aprendizado. Isso a levou a aprender mais sobre criação de filhos e casamento e aplicar a filosofia (dignidade e respeito) de Alfred Adler e Rudolf Dreikurs em 24 livros que foram publicados em muitos idiomas. Aos 86 anos, ela acredita que este será o último livro e vive em gratidão pelas muitas pessoas (em muitos países) que compartilharam o quanto suas vidas foram mudadas ao usar essa filosofia em todos os relacionamentos.

Mary Nelsen Tamborski, LMFT, esposa e mãe de três meninos, é terapeuta de casais e família em San Diego. Ela também é Trainer Certificada em Disciplina Positiva e *coach* parental. O treinamento formal de Mary é secundário ao treinamento de vida que ela recebeu de sua mãe, Dra. Jane Nelsen, autora e coautora dos livros da série Disciplina Positiva. Desde quando ela consegue se lembrar, sua mãe e seu pai a envolveram em comunicação respeitosa, encorajamento e foco em soluções. Mary é uma famosa palestrante e facilitadora de *workshops*, e oferece muitas aulas de Parentalidade em Disciplina Positiva.

Amber Traina, esposa e mãe de três filhos, foi inspirada pelo trabalho de sua avó, Dra. Jane Nelsen, e se tornou uma Educadora Parental Certificada em Disciplina Positiva após o nascimento de seu primeiro filho. Cada vez que atua como facilitadora ou *coach*, ela se torna uma mãe/esposa/amiga/pessoa melhor, e tem profunda gratidão por este trabalho, que trouxe paz e alegria para muitos ao redor do mundo. Seus maiores professores de vida foram seus filhos, Joseph, James e Jolie – e ela espera que o aprendizado nunca acabe. Amber é especialmente grata a seu marido, Joe, o mais verdadeiro parceiro, amigo e fonte de encorajamento, sem o qual esta jornada não seria tão alegre.

♥

Sumário

Introdução xi
Introdução às ferramentas xix

01. Explore seus valores 1
    Comprometimento 4
    Mapa do relacionamento 6

02. Perspectiva: Mude o seu foco 11
    Aceitação 15
    Apreciação 20
    Diferenças 25

03. O que os seus pensamentos têm a ver com isso? 31
    Felicidade 35
    Percepção 39
    Cérebros masculino e feminino 42

04. Crie conexão 47
    Escuta ativa 51
    Senso de humor 56
    Valide sentimentos 60
    Arrume tempo para o romance 63
    Flerte 67
    Momento especial 71
    Limite o tempo de tela 76

05. Removendo barreiras 81
    Saiba escutar 86
    Perguntas curiosas 91
    Compreenda o cérebro 95
    Pausa positiva 100
    Agir *versus* reagir 104

06. Garanta que a mensagem de amor chegue **109**
    Sinais não verbais 112
    Olho no olho 116
    Pequenas coisas...119
    Admiração e apreciação 123
    Preste atenção... 126

07. Foco nas soluções................................... **131**
    Foquem em soluções....................................135
    Erros.. 138
    Responsabilidade.......................................141
    Repare os erros 143
    Reuniões de casal 145
    Decida o que você vai fazer 151

08. Parceria respeitosa.................................**155**
    Parceria 159
    Eu notei 163
    Dinheiro conta.. 167
    Tarefas domésticas......................................171

09. Crescer juntos.....................................**179**
    Consequências naturais................................. 183
    Compartilhe suas expectativas 187
    Criação de filhos 193
    Tenha confiança....................................... 199
    Desapegue-se do passado 202
    Crescer juntos 207

Conclusão...211
    Comprometimento..................................... 214

Introdução

O QUE É DISCIPLINA POSITIVA?

VOCÊ PODE ESTAR SE PERGUNTANDO: O que "disciplina" tem a ver com manter a felicidade nos relacionamentos? A maioria das pessoas acha que disciplina é sinônimo de punição, mas vem da palavra latina *disciplina,* que significa instrução ou conhecimento. Disciplina Positiva não é sobre punição ou controle. Ela é baseada no respeito mútuo, com foco em soluções, encorajamento e conexão – a base para um relacionamento alegre.

Esta obra é baseada no trabalho de Alfred Adler e Rudolf Dreikurs, assim como todos os livros e *workshops* de Disciplina Positiva*. Adler e Dreikurs foram psiquiatras austríacos que acreditavam que todas as pessoas deveriam ser tratadas com dignidade e respeito. Um de seus conceitos primários é que todo comportamento humano é

---

* N.E.: Todos os livros e baralhos da série Disciplina Positiva estão disponíveis no site da Editora Manole: www.manole.com.br/.

motivado pela necessidade de perceber um senso de aceitação e importância. Disciplina Positiva começou com o objetivo de estender os princípios *adlerianos* a fim de torná-los mais acessíveis e tangíveis para os pais. Desde então, cresceu para uma série de livros e *workshops* para pais, professores, cuidadores e, agora, casais.

POR QUE DISCIPLINA POSITIVA PARA RELACIONAMENTOS?

Tudo começou quando os trainers de Disciplina Positiva, Terese e Paul Bradshaw, compartilharam que eles usaram o baralho *Disciplina Positiva para educar os filhos* para o relacionamento deles (embora os conceitos tenham sido escritos como ferramentas parentais). Os Bradshaw descobriram que os conceitos ensinados no baralho de ferramentas parentais eram tão eficazes em seu relacionamento que eles se sentiam como se ainda estivessem em lua de mel após 25 anos de casados. Assim nasceu a ideia do baralho *Disciplina Positiva para casais*.

Esse projeto se tornou ainda mais emocionante quando Bill Schorr concordou em fazer as ilustrações. Ele é um cartunista político e não tinha certeza se conseguiria fazer um baralho sobre relacionamento. Ficamos encantados com o que ele criou. Suas ilustrações divertidas farão você rir e criarão uma ótima base para aprender as ferramentas a fim de manter a felicidade em seu relacionamento. (Bill também criou as ilustrações encantadoras para dois livros infantis de Disciplina Positiva, *O espaço mágico que acalma* e *Sofia e Seu mundo de escolhas*).

A maioria dos casais sente uma abundância de alegria um com o outro quando são recém-casados. No entanto, muitos eventualmente passam pela temida fase de fim da lua de mel, mesmo quando ainda se amam. Muitos (as estatísticas dizem que mais de 50%) vão da fase de fim da lua de mel para o divórcio. Por que isso acontece? Como evitar isso?

É quase impossível parar com velhos hábitos sem substituí-los por novos. Nesta obra, você irá encontrar soluções para desafios que possa estar enfrentando, métodos para aumentar a conexão com seu parceiro** e reacender a chama do amor, bem como sugestões de como prevenir problemas futuros. Praticar essas ferramentas de *Casais felizes permanecem juntos: Disciplina Positiva para relacionamentos* ajudou muitos casais a trocar seus hábitos ineficazes e comunicação ruim por uma comunicação amorosa e respeitosa.

Disciplina Positiva é uma prática contínua. O entendimento continua a se aprofundar e o crescimento nunca para. Pode levar tempo, exigir dedicação e uma boa dose de autorreflexão até você incorporar os princípios de modo que possa genuinamente integrá-los em seu relacionamento. Conforme você pratica, tenha paciência consigo mesmo e com seu parceiro. Você ganhará autoconfiança, habilidade para resolver problemas e uma autoestima mais saudável, que lhe permitirão acessar seu coração e sua sabedoria mais profunda para encontrar respostas a seus problemas. Quer você esteja lendo este livro junto ou só, o poder de transformar seu relacionamento está em suas mãos. Só é preciso uma pessoa para fazer a mudança acontecer.

** O conteúdo deste livro foi desenvolvido para homens e mulheres, por isso optamos em usar a palavra *parceiro*, que tem a intenção de representar todos os gêneros.

COMO USAR ESTE LIVRO?

Casais felizes permanecem juntos, é destinado a pessoas que querem manter a alegria que já têm em um relacionamento, ou para aquelas que ainda não estão em um relacionamento e querem desenvolver as habilidades para criar e desenvolver a alegria quando encontrarem seu parceiro. Também é para pessoas que estão passando pelos altos e baixos normais de estabelecer um relacionamento feliz – incluindo homens (ou outros) que podem não estar inclinados a buscar apoio externo. Como Mark Tamborski (marido de Mary) disse a Mary:

"Por mais que eu apoie você e a ideia das terapias de Casal e Familiar, não gostaria de contar meus problemas a um terapeuta e buscar conselhos de um estranho. No entanto, depois de conhecer o baralho *Disciplina Positiva para casais* com você, posso dizer com segurança que esse baralho também agrada pessoas resistentes. Não se trata de colocar culpa ou relembrar o passado, mas, em vez disso, focar nas soluções e nas etapas que levarão à resolução de qualquer problema ou desafio."

As ferramentas foram organizadas em capítulos por temas; no entanto, muitas delas são relacionadas. Você pode querer revisitar capítulos anteriores conforme avança na leitura. Você também pode ler conforme sua intuição e seu coração o guiarem.

Ao ler *O que casais reais têm a dizer*, você verá que eles compartilham que muitas das ferramentas deste livro podem ser ainda mais eficazes quando combinadas. Tenha em mente que elas são como as que você pode encontrar em uma caixa de ferramentas. Assim como pode precisar apenas de um martelo e um prego para pendurar um quadro na parede, você pode descobrir que outras ferramentas são mais eficazes para situações específicas.

Depois de ler o livro, pode ser divertido (e útil) revisitar as ferramentas abrindo uma página aleatória. Elas são atemporais, e você provavelmente descobrirá que algumas são mais eficazes para você e seu relacionamento em certos momentos do que outras. Nós o encorajamos a se aprofundar nas ferramentas que não são as mais fáceis para você ou não são confortáveis no início. Pode haver uma revelação a sua espera.

DIÁRIO REFLEXIVO

Para tornar a jornada mais significativa, é útil ter um diário para usar nas atividades de reflexão. Prometemos que ele se tornará mais valioso cada vez que você fizer uma releitura para atualizar seu aprendizado e criar padrões duradouros para manter a felicidade em seu relacionamento.

Reservar um tempo para as atividades de registro no diário reflexivo certamente aumentará sua compreensão e uso das ferramentas. Engajar-se completamente nessas atividades indica o comprometimento com seu relacionamento e os resultados positivos que você experimentará. Depois de concluir as atividades e escrever em seu diário sobre seus resultados, certifique-se de revisitar o baralho *Disciplina Positiva para casais* repetidamente. Casais compartilharam que sua experiência com as ferramentas evolui conforme seu relacionamento evolui. Ler seu diário repetidamente servirá como um belo lembrete das pequenas, mas extremamente eficazes coisas que você pode fazer para manter a felicidade em seu relacionamento.

COMPARTILHE SUAS HISTÓRIAS

Este livro inclui histórias de casais *reais* que contam como essas ferramentas melhoraram seus relacionamentos. (Na maioria dos casos, os nomes foram alterados para proteger a privacidade.) Gostaríamos muito de ouvir as suas histórias sobre *Casais felizes permanecem juntos: Disciplina Positiva para relacionamentos*. Por favor, compartilhe-as conosco em contact@positivediscipline.com com sua permissão para usá-las em edições futuras revisadas desta obra.

Introdução às ferramentas

Os casais não deixarão de fazer o que não funciona,
a menos que aprendam outras habilidades que funcionem.

ALGUNS PODEM CONTESTAR QUE TAIS ferramentas são apenas truques para manipular seu parceiro de modo a fazer o que você deseja. Se a manipulação for a motivação, essas ferramentas não serão eficazes. Elas são eficazes apenas quando baseadas nos princípios básicos *adlerianos* e da Disciplina Positiva. É importante compreender os princípios básicos porque, sem eles, tais ferramentas altamente eficazes para criar mais alegria provavelmente parecerão uma manipulação para seu parceiro.

Um conceito central *adleriano* e da Disciplina Positiva é que todos operam a partir de uma necessidade básica de pertencimento e importância. Alcança-se um senso de pertencimento por meio do amor e da conexão e sente-se importância pela capacidade e responsabilidade social. À medida que você explora e pratica as ferramentas apresentadas neste livro, é útil lembrar que todos caminham pela vida com o mesmo objetivo: experimentar pertencimento e importância. Quando você consegue manter isso em mente, é muito mais fácil tratar a si mesmo e aos outros com dignidade e respeito.

Você praticará a ferramenta Erros no Capítulo 7, mas achamos que é muito importante esperar até então para abordá-la. Os erros são oportunidades maravilhosas de aprender e crescer – um princípio fundamental em todos os livros e *workshops* de Disciplina Positiva. Nenhum relacionamento está isento de desafios. Quando você adota o conceito de que os erros são oportunidades de aprendizado, torna-se capaz de fomentar o respeito, a conexão, a confiança e a alegria nos desafios que surgem.

Você poderia observar o princípio dos erros como oportunidades de aprendizagem observando as crianças quando estão aprendendo a andar. As crianças não perdem tempo sentindo-se inadequadas toda vez que caem. Elas simplesmente se levantam e continuam andando.

Se elas se machucam ao cair, podem chorar por alguns minutos antes de seguirem seu caminho novamente, mas não adicionam culpa, crítica ou outras mensagens autodestrutivas à sua experiência. Aceitar os erros significa abandonar nossas expectativas de perfeição e nos libertar para aproveitar a jornada de melhoria.

Nos nossos *workshops* de Disciplina Positiva para pais e professores falamos sobre *conexão antes da correção*. Isso significa simplesmente reservar um tempo para se conectar de forma genuína antes de enfrentar um desafio. Uma das maneiras mais fáceis de se conectar é validando os sentimentos. Depois de validá-los, é muito mais fácil focar nas soluções.

Você já passou por algum momento em seu relacionamento em que se sentiu desconectado de seu parceiro? Você deve ter notado que os pequenos desafios pareciam muito maiores ou se sentiu incompreendido ou invisível aos olhos do seu parceiro. Provavelmente, ele sentiu o mesmo. Reservar um tempo para criar e fortalecer a conexão antes da resolução de problemas abre os caminhos para uma parceria bem-sucedida e alegre. Tente validar os sentimentos do seu parceiro antes de compartilhar os seus. A conexão em um relacionamento é tão importante que dedicamos um capítulo inteiro e diversas ferramentas a ela. Pense em criar conexão como a base para todas as ferramentas que você irá conhecer.

Os princípios básicos *adlerianos* e da Disciplina Positiva também incluem ser gentil e firme ao mesmo tempo, assumir a responsabilidade (pelo que você cria em seu relacionamento), valorizar a melhoria em vez da perfeição e focar em soluções. Use a seguinte lista de princípios básicos como um teste decisivo para qualquer ferramenta de *Casais felizes permanecem juntos: Disciplina Positiva para relacionamentos*. Se algum dos itens a seguir estiver faltando, parecerá mais um truque (manipulação) do que uma ferramenta para criar amor e confiança.

Princípios básicos adlerianos e da Disciplina Positiva:
- Necessidade de pertencimento (amor, conexão)
- Necessidade de importância (responsabilidade, capacidade, contribuição)
- Dignidade e respeito
- Erros são oportunidades para aprender
- Foco na melhoria, não na perfeição
- Conexão antes da correção
- Gentil e firme (ao mesmo tempo)
- Foco em soluções
- Assumir responsabilidade (sem sentimento de culpa ou atribuição de culpa)
- Autorregulação

Diário reflexivo

Escolha aleatoriamente uma ferramenta (do baralho *Disciplina Positiva para casais* ou uma página aleatória deste livro). Escreva sobre como essa ferramenta pode parecer ou soar se usada sem nenhum dos *Princípios básicos* adlerianos/da Disciplina Positiva.

- Quais *Princípios básicos* adlerianos/da Disciplina Positiva seriam essenciais para que essa ferramenta fosse eficaz? Como essa ferramenta pode parecer ou soar quando usada com o(s) princípio(s)?
- Opcional: considere um desafio que você está enfrentando em seu relacionamento e escolha uma ferramenta para aplicar a essa situação. Como seria a situação se você aplicasse a ferramenta sem os *Princípios básicos* adlerianos/da Disciplina Positiva? O resultado seria diferente se você aplicasse os princípios ao usar a ferramenta? Existem princípios específicos que são particularmente essenciais para que essa ferramenta seja eficaz para o seu desafio?

Lembre-se de que todas as ferramentas de *Casais felizes permanecem juntos: Disciplina Positiva para relacionamentos* são baseadas em princípios. Se você usá-las sem compreender os princípios, pode parecer "técnico". No entanto, quando compreender os princípios básicos e adicionar seu coração e sabedoria, usará suas próprias palavras em vez de roteiros, e isso será genuíno para você e seu parceiro.

1
Explore seus valores

QUANTO TEMPO (E DINHEIRO) VOCÊ gastou se preparando para o seu casamento? Quanto tempo (e dinheiro) você gastou se preparando para o seu relacionamento? Você fica um pouco chocado ao considerar essas perguntas?

Para muitos casais a resposta é fortemente inclinada para o casamento. O que isso diz sobre as prioridades? Quando se pede para listar as coisas mais importantes na vida, a maioria das pessoas lista: família/filhos/relacionamento, amigos, trabalho, religião/espiritualidade, tempo de lazer etc. Quando as pessoas são solicitadas a classificar a lista na ordem do tempo que dedicam a cada item, muitas têm um grande choque de realidade. Apesar de "família/filhos/relacionamento" estar no topo de quase todas as listas de prioridades, esse item com frequência acaba ficando no final quando analisamos o tempo efetivamente dedicado. Faça uma auditoria do seu tempo: suas ações realmente refletem suas prioridades quando o assunto é construir o relacionamento dos seus sonhos?

Pesquisas mostram que a qualidade dos seus relacionamentos é o fator mais importante para a saúde emocional e física, bem como para a longevidade. Quando seu relacionamento romântico oferece uma base sólida, os outros pilares importantes da vida permanecem seguros. Se sua base rachar, os pilares irão balançar.

Neste capítulo, você vai explorar os valores são importantes para o seu relacionamento. Quais compromissos você está disposto a assumir para fortalecê-lo? Você também criará um Mapa do relacionamento que identifica as qualidades do seu relacionamento ideal. Recomendamos que consulte regularmente este mapa, enquanto continua aplicando essas ferramentas.

COMPROMETIMENTO

O compromisso é um ato, não uma palavra.
— Jean-Paul Sartre

"Contrariando a opinião popular, estou totalmente comprometido com minha esposa..."

Um bom relacionamento não sobrevive ao descuido. Comprometimento significa aceitar a responsabilidade pela sua própria felicidade e pela felicidade do seu relacionamento – não esperar que outra pessoa o faça feliz.

Comprometimento significa reconhecer seu parceiro como um dos seus maiores professores (mesmo quando você não gosta das lições) para o seu crescimento e desenvolvimento pessoal e espiritual. Pode ser uma jornada repleta de alegria.

Comprometimento envolve adotar uma cláusula de "não anulação" e, em seguida, realizar o trabalho necessário para manter a felicidade no seu relacionamento.

Diário reflexivo

- Escreva no seu diário sobre o que comprometimento significa para você e o que acha que significa para o seu parceiro. Descreva como suas ações demonstram comprometimento ou a falta dele. (Não inclua como as ações do seu parceiro demonstram comprometimento ou a falta dele. Trata-se do seu comprometimento.)
- Quais atitudes você está disposto a adotar para tornar seu compromisso significativo? (Dica: repita estas ferramentas pelo menos uma vez por ano.)
- Opcional: compartilhe com seu parceiro.

MAPA DO RELACIONAMENTO

Se você está nos Estados Unidos e quer ir para o Canadá, não faz sentido ir para o sul. Usando a mesma lógica, não faz sentido adotar comportamentos que o afastam de alcançar o que você deseja no seu relacionamento. Você terá uma jornada mais agradável se criar um Mapa do relacionamento para guiá-lo ao destino pretendido.

Na atividade Diário reflexivo, faça uma lista das qualidades que você deseja no seu relacionamento. Essa lista pode servir como um mapa para manter a felicidade que deseja. As demais ferramentas vão fornecer muitas pistas sobre maneiras amorosas de lidar com os desafios ao longo do caminho.

Acredite ou não, os desafios frequentemente oferecem oportunidades de crescimento e conexão, aproximando você do seu "destino". Em vez de evitar desafios ou percebê-los como sinais de fracasso, abrace-os! Eles podem ser oportunidades para promover as qualidades que você deseja para o seu relacionamento. Veja os obstáculos como oportunidades de aprendizado.

Seu Mapa do relacionamento vai funcionar como um barômetro na sua jornada. Depois de defini-lo, consulte-o regularmente para verificar se as ações que está tomando estão aproximando ou afastando você do relacionamento que deseja.

 Diário reflexivo

- Façam as listas com cinco qualidades que acreditam serem necessárias para criar um ótimo relacionamento.
- Compartilhem suas listas um com o outro.
- Conversem sobre o que é importante para você, mas não necessariamente para o seu parceiro (e vice-versa). Juntos, criem uma única lista que seja satisfatória para ambos.
- Emoldurem a lista final e pendurem-na em um lugar onde possam vê-la todos os dias.

 O que casais reais têm a dizer...

Bart e Penny (Sydney, Austrália): Nós amamos esse exercício. É algo óbvio que qualquer casal deveria fazer regularmente. Nossas listas acabaram sendo bem parecidas, embora eu tenha colocado "sexo" bem mais acima do que Penny, o que, claro, promoveu uma discussão honesta sobre libido e o que nos excita.

Laney e Mike (Califórnia, EUA): Foi ótimo ouvir as listas um do outro e pensar: "Uau, isso não é nada" ou "Só isso?". Ambos nos sentimos mais conectados logo após compartilharmos nossas listas.

Quando criamos nossas listas, Mike comentou sobre meu desejo de que ele se interessasse mais pela minha carreira e mostrasse isso fazendo perguntas e ele me pareceu genuinamente interessado. Ele explicou: "Claro que me importo! O motivo de eu não fazer mais perguntas é porque sua carreira é nova e estranha para mim. Sinceramente, me sinto intimidado por não saber quais perguntas fazer ou até mesmo como perguntar". Ele também disse: "Sempre me interesso pelo que te motiva e empolga, então, por favor, não espere que eu pergunte – apenas compartilhe comigo e saiba que estou interessado!".

Meu Deus. Será que um dia vou superar essa mania de querer que ele leia minha mente? Esse é um comportamento que eu preciso mudar.

Fabiola (Quito, Equador): É óbvio que você precisa saber para onde quer ir antes de começar uma jornada. Mas, a verdade é que, em muitos casos, quando se trata de casamento, não sabemos exatamente para onde estamos indo. É como se pensássemos que nos casamos e o caminho começa a se formar sozinho. Todo casal deveria trabalhar nisso antes de se casar.

Ao trabalhar com essa ferramenta, percebemos o quanto é importante, antes de tudo, entender o que cada um de nós deseja e espera. Felizmente, descobrimos que não estávamos tão perdidos. Concordamos em vários dos GRANDES tópicos, o que nos fez lembrar exatamente por que decidimos nos casar.

A coisa mais importante foi perceber que, de agora em diante, de vez em quando precisamos parar e avaliar se estamos realmente seguindo na direção que queremos. E se notarmos que estamos nos desviando, temos um mapa e ferramentas para nos colocar de volta no caminho certo.

♥

Heidi e Joel (Califórnia): Descobrimos que a atividade Diário reflexivo gerou conversas e entendimentos mais profundos do que esperávamos. Cada um fez sua lista. Acabamos dizendo coisas parecidas, mas de formas diferentes. Joel resumiu tudo em palavras simples e diretas, enquanto eu me expressei em frases com muito mais detalhes. Foi reconfortante encontrar semelhanças entre nós, apesar de termos maneiras diferentes de expressar essas ideias. Foi um alívio quando notamos que marcamos itens semelhantes nas nossas listas.

Dois itens que estavam na minha lista, mas não na de Joel, eram *segurança* e *responsabilidade*. Ele achava que já os tinha incluído nas palavras "amoroso, cuidadoso, generoso e grato". Achei interessante que a sensação de ser amado seja um pouco diferente para nós dois. Como homem, a ideia de amar para ele está mais relacionada a *dar*, enquanto para mim está mais relacionada a *sentir segurança e responsabilidade*. Parece que meu ponto de vista é mais sob a perspectiva de *receber*, algo de que eu não tinha consciência. Essa é uma atitude que preciso trabalhar. Já ouvi dizer que segurança é um trabalho *interno* — não algo que alguém pode nos dar. Agora percebo que, quando me sinto segura, também sinto vontade de dar.

Dois itens que estavam na lista dele e não na minha eram *igualdade* e *liberdade*. Não discutimos isso mais a fundo, porque estávamos muito ocupados descobrindo os dois itens anteriores.

Agora, enquanto escrevo este resumo, percebo que isso é bastante revelador. Mostra que, do ponto de vista dele, talvez Joel não se sinta tratado de forma igual ou que não tenha liberdade suficiente! Vamos encontrar um momento para explorar esses temas com mais cuidado.

Finalmente, concordamos com nossa lista de qualidades ideais para o relacionamento:

- Amorosidade
- Igualdade
- Presteza
- Compreensão
- Liberdade
- Valorização/Apreciação
- Confiança
- Sentimento de segurança
- Responsabilidade

Essa lista abriu espaço para muitas outras discussões como crenças, valores, coisas insignificantes e muito mais. Embora não tenhamos chegado à parte sobre comportamentos, essa atividade abriu uma porta para uma comunicação aberta. Mesmo me sentindo vulnerável em alguns assuntos, fiquei muito feliz por finalmente começarmos a falar sobre o nosso relacionamento. O mais importante: Joel tomou a iniciativa em alguns tópicos. Isso nunca tinha acontecido antes.

Essa lista nos trouxe um entendimento mútuo de que podemos conversar sobre certas questões sem ficar na defensiva ou brigar imediatamente. Saber que nos amamos e que estamos trabalhando juntos para construir o relacionamento ideal nos deixou mais receptivos e abertos um ao outro. Este é apenas um bom começo, e já estamos animados para continuar com outras atividades.

2
Perspectiva: mude o seu foco

"Podemos mudar toda a nossa vida e a atitude das pessoas ao nosso redor simplesmente mudando a nós mesmos."
— Rudolf Dreikurs

DE QUE FORMA VOCÊ ACHA QUE SEU PARCEIRO DEVERIA MUDAR?
De que forma você acha que você deveria mudar?
Quão bem-sucedido você acha que pode ser ao mudar seu parceiro?
Quão bem-sucedido você acha que pode ser ao mudar a si mesmo?

Reserve um momento para considerar onde você coloca o seu foco. Ele está em como seu parceiro pode mudar ou você se concentra principalmente no que aprecia sobre o seu parceiro?

Suponhamos que você possa fazer uma lista de coisas que aprecia em seu parceiro e uma lista de reclamações. Ao olhar para essas duas listas, você provavelmente verá que o que aprecia soma até 80% e as reclamações apenas 20%. No entanto, se você gastar 80% do seu tempo concentrando-se nas reclamações de 20%, não demorará muito para que as reclamações ofusquem o que você aprecia. Por outro lado, se gastar 80% do seu tempo focando o que você aprecia, não demorará muito para que as reclamações não pareçam importantes o suficiente para ser seu foco – exceto durante uma reunião de casal, que será discutida no Capítulo 7.

Marilyn, de Utah, nos dá um exemplo. Ela se apaixonou por Jordan e admirava a maneira calma como ele dirigia, o que a fazia se sentir segura e relaxada. Depois que eles se casaram, no entanto, ela descobriu que andar com ele a enlouquecia porque ele não era agressivo o suficiente e não se preocupava em ultrapassar carros lentos.

Marilyn também admirava Jordan por sua confiabilidade tranquila e descontraída; ele estava no mesmo emprego há doze anos e ela podia acertar o relógio de acordo com sua partida e chegada. Depois de alguns anos de casamento, ela começou a considerá-lo chato e sem ambição. Durante o namoro, Marilyn adorava a flexibilidade e a disposição de Jordan em aceitar todas as suas sugestões. Mais tarde, ela o viu como um conformado, sem um pensamento original na cabeça.

Marilyn se divorciou de Jordan e se casou com Steve, que era agressivo, ambicioso e teimoso. No início, Marilyn admirou essas virtudes em Steve e sentiu-se sortuda por ser casada com um homem excitante que sabia o que queria e para onde estava indo. Ela se sentiu protegida e cuidada. Mais tarde, porém, ela o viu como controlador e inflexível, porque ele não fazia o que ela queria que ele fizesse. Em vez de se sentir protegida, ela se sentiu dominada e não levada a sério. Se Marilyn se casasse 20 vezes, é provável que ela começasse a ver virtudes em cada marido até mudar sua percepção e ver apenas defeitos.

A maneira como você escolhe ver as circunstâncias, os desafios e as "falhas" pode afetar muito a maneira como se sente em relação ao seu relacionamento e a si mesmo. A boa notícia é que você pode optar por mudar sua perspectiva. Neste capítulo, compartilhamos diversas ferramentas e histórias sobre como mudar sua perspectiva e focar as coisas que estão sob seu controle. A ferramenta Aceitação nos ajuda a lembrar que tentar mudar o parceiro é infrutífero. A única pessoa que você pode mudar é você mesmo. E pode descobrir que o processo de mudança inspira mudanças em seu parceiro — mas apenas se isso não fizer parte de sua intenção. As atividades dos próximos dois capítulos aumentarão sua consciência sobre como você escolhe concentrar 80% de seu tempo para moldar o que deseja em seu relacionamento.

ACEITAÇÃO

"Ele não conversa comigo..."

Muitos anos atrás, o Dr. Aaron Rutledge escreveu um artigo no *The Farm Journal* chamado "Você deveria tentar remodelar seu companheiro?". No artigo, ele compartilhou o que todos já sabemos, que ninguém muda ninguém. Ele continuou dizendo como é importante "aceitar seu parceiro exatamente como ele ou ela é". Rutledge então compartilhou uma história engraçada sobre quando ele deu esse conselho a uma cliente. Sua cliente respondeu: "Mas eu o aceitei por três meses inteiros e ele não mudou nada".

A lição é óbvia. Essa mulher não aceitou de verdade seu companheiro. Ela pensou que "agir como se o aceitasse" o encorajaria a mudar.

Todo mundo parece saber que você não pode mudar ninguém além de si mesmo, mas esse conhecimento parece não impedir ninguém de tentar. Você pode não estar ciente de como muda sua percepção de uma característica que antes valorizava. Descontraído se torna chato. Vivaz se converte em inconstante. Organizado passa a ser controlador. Você pode ter se casado com um mímico e esperar que ele fale (veja a ilustração).

Ao explorar as ferramentas deste livro, você notará que a ferramenta Aceitação é repetida com frequência. Ao praticar essas ferramentas, lembre-se de que a alegria não vem da mudança de parceiro, mas do seu coração.

Perspectiva: mude o seu foco

 Diário reflexivo

- Escreva sobre uma qualidade ou característica de seu parceiro que antes admirava e agora reclama ou considera um *defeito*. Lembre-se de como você uma vez viu essa qualidade ou característica como uma virtude ou a achou cativante – ou como algo sem importância.
- Escreva sobre uma de suas qualidades e características que seu parceiro agora considera um *defeito*. Você gostaria que seu parceiro visse essa qualidade ou característica como uma virtude – ou pelo menos fofa e adorável?
- Mude seu foco para o que você consegue mudar. Faça um *brainstorming* das áreas de autoaperfeiçoamento nas quais gostaria de trabalhar.

 O que casais reais têm a dizer...

Becky e Frank (Califórnia): Esta carta foi difícil para nós. Discutimos características um do outro que gostaríamos de apoiar para nosso crescimento. Por exemplo, Becky tende a ficar com raiva mais rapidamente do que Frank quando seus sentimentos são feridos. Becky concordou que usaria "frases em primeira pessoa" primeiro para expressar como ela está se sentindo. Isso faria duas coisas: 1. Permitiria que ela expressasse sua raiva de uma maneira mais construtiva e 2. Permitiria que Frank soubesse por que ela estava com raiva.

Chegamos a um ponto em nosso relacionamento em que realmente acreditamos nessa carta. Já experimentamos a dor quando não aceitamos e não apoiamos o parceiro.

Daniella (Guayaquil, Equador): Preciso de algo que impeça que eu tenha minha reação típica, então tenho um papel dentro da minha carteira que diz: "Seja compassiva, ninguém é perfeito". Leio sempre que preciso e isso me lembra continuamente da imperfeição de todos. Isso me ajudou muito no meu relacionamento com meu marido – tentar não mudá-lo e amá-lo como ele é.

Chloe (Nova York): Steve e eu estávamos passando por uma fase chata. Steve estava muito estressado com seu trabalho e finanças. Eu estava ocupada cuidando de nossa filha, da casa e de um novo negócio. Comecei a me sentir realmente desconectada de Steve e a separação entre nós parecia real a cada dia. Achava que Steve estava sempre de mau humor. Ele era direto e às vezes cruel sobre o tempo que eu gastava em meu novo negócio. Comecei a ficar ressentida e às vezes até raivosa. Eu sabia que ele estava trabalhando muito, mas eu também estava trabalhando muito e pensei que Steve simplesmente não se importava. Na verdade, comecei a me perguntar se não estávamos realmente a caminho do divórcio. Peguei essa carta do baralho *Disciplina Positiva para casais* porque estava tão insatisfeita com o estado do meu relacionamento que eu tinha que fazer alguma coisa.

Essa ferramenta forneceu algumas revelações. Quando conheci Steve, percebi como era inteligente e responsável. Ele estava sempre pensando no futuro. Steve estava financeiramente estável porque planejou tudo e eu me sentia muito segura com ele. Percebi que a mesma parte dele que me fazia sentir segura quando namorávamos agora estava me deixando insegura em nosso casamento. Sua natureza responsável e a tendência a pensar no futuro e planejar estavam fazendo com que ele se estressasse ao descobrir os problemas de seu trabalho e de suas finanças. Essas eram características que admirei quando nos conhecemos. Mudar minha perspectiva para lembrar por que Steve estava estressado me ajudou a sentir mais compaixão por ele (e lembrar dessas qualidades quando estávamos namorando me ajudou a me sentir mais conectada a ele).

Uma das coisas que mais recentemente me incomodou em nosso casamento foi o fato de não nos cumprimentarmos com amor. Éramos mais como pessoas vivendo lado a lado do que como um casal compartilhando uma vida. Depois de escrever sobre essa ferramenta, decidi mudar a forma como cumprimento Steve, independentemente de seu nível de estresse ou humor. Toda vez que ele chegava em casa e toda vez que saía, eu parava o que estava fazendo e me aproximava para lhe dar um beijo na bochecha.

No começo foi um pouco estranho porque parecia forçado e não exatamente como eu esperava. Mas continuei fazendo isso, lembrando-me das qualidades que admirei nele quando nos conhecemos e das qualidades que desejo para o nosso relacionamento (interações amorosas). Eu me senti melhor com a forma como estava atuando em nosso relacionamento e isso mudou muitos sentimentos em mim. Não sentia mais ressentimento e raiva e não me sentia alvo do humor de Steve. Pude sentir empatia e até apreço por Steve e pelas razões por trás de seu estresse, mesmo que eu não gostasse da maneira como ele estava lidando com os problemas.

APRECIAÇÃO

Aquilo em que você foca, cresce.

"O que você fez com o que eu matei ontem?"

Perspectiva: mude o seu foco

Você está focando a apreciação ou o ressentimento? Você às vezes ignora a apreciação e parte para a crítica? Se sim, como isso está funcionando no seu relacionamento?

É possível escolher o que se deseja focar – positivo ou negativo. Aquilo em que você coloca foco, cresce. Observe o que você cria em seu relacionamento com base no que escolhe focar.

Esta ferramenta é tão poderosa quanto simples. Quando você escolhe prestar atenção no que aprecia em seu parceiro, sua apreciação por ele aumenta. Com essa consciência, onde você escolherá focar 80% do tempo?

 Diário reflexivo

- Faça uma lista de dez coisas que você admira e aprecia em seu parceiro.
- Em seguida, faça uma lista de três defeitos do seu parceiro – em sua opinião.
- Qual é a lista que mais usa para se comunicar com o seu parceiro? O que isso diz sobre você?
- Pelo menos duas vezes por dia, diga ao seu parceiro o que você admira e aprecia nele. Você pode começar compartilhando o que escreveu. (Garantimos que isso melhorará seu relacionamento.)

O que casais reais têm a dizer...

Laney (Califórnia): Mike gostou dessa ferramenta porque podia ouvir o que eu queria sem se sentir criticado. Ele comentou que, mesmo sabendo dessas coisas, é bom ser lembrado ao discutir essas ferramentas (para não parecer uma crítica). Ele até quer pendurar nossas listas de apreciação na geladeira como um lembrete visual.

Adorei essa ferramenta porque me permitiu lembrar a Mike o quanto significa para mim ouvir que sou admirada. Adorei ver a lista de coisas que ele admira em mim. Além disso, foi um bom lembrete para mim do quanto admiro Mike – e de quantas vezes não falo isso para ele.

Depois de ouvir o que Mike apreciava, fiquei mais disposta a trabalhar no que ele considerava meus defeitos. Por exemplo, Mike fica incomodado quando eu não penduro as chaves no porta-chaves. O engraçado é que comprei o porta-chaves e insisti para que Mike o pendurasse ao lado da porta. Embora ele não acreditasse que eu o usaria. Depois de dois dias, Mike fez uma piada dizendo que suas chaves não estavam mais tão solitárias no gancho. Desde que comecei a utilizar essa ferramenta, sinto-me menos defensiva em relação às minhas falhas e estou fazendo um grande esforço para corrigi-las.

O que a ferramenta nos trouxe de mais poderoso foi que nos levou a uma conversa muito mais profunda sobre Mike querer que eu seja mais consciente porque ele me ama e se preocupa comigo. Eu não tinha ouvido essa mensagem antes. Tudo que ouvia era sobre seu aborrecimento e frustração. Eu sentia que o estava decepcionando constantemente. Nós dois nos sentimos muito mais próximos depois de discutir esta carta e estamos ansiosos pela próxima ferramenta.

Daniella (Guayaquil, Equador): Essa lista se tornou um tesouro para o meu relacionamento. Eu costumava exigir que os outros mudassem suas ações. Ver meu marido com uma grande lista de pontos fortes, positivos, e apenas alguns de seus pontos fracos, mudou minhas crenças irracionais.

♥

Teryl (Califórnia): Gosto de fazer uma nova lista de todas as coisas que aprecio em minha esposa sempre que posso. Isso ajuda a manter minha gratidão por ela em meus pensamentos em primeiro lugar. A ferramenta Apreciação é para mim a principal para manter a felicidade em meu relacionamento. Eu a uso especialmente quando me sinto aborrecido ou irritado com algo que ela está dizendo ou fazendo.

Outro dia, estávamos dirigindo e minha esposa falava sobre algo que não era muito interessante para mim. Ela continuou falando e falando e eu fiquei irritado. Eu me "contive" e mudei para a apreciação ao lembrar que uma das coisas que aprecio em minha esposa é seu amplo interesse por muitas coisas. Em vez de expressar irritação ou apenas permanecer silenciosamente irritado, optei por dizer: "Querida, estou vendo que você está realmente interessada nisso e pensou muito sobre isso".

Continuamos nossa viagem com bom humor, pois ela se sentiu ouvida e eu me senti muito melhor ao apreciá-la. (Para evitar parecer condescendente, algo de que fui culpado no passado, é importante que eu *sinta* minha gratidão antes de falar.)

Dennis e Sharon (Polônia): Para o bem da nossa família, Sharon e eu concordamos que ela deveria aproveitar a oportunidade para realizar muitos *workshops* de Disciplina Positiva durante um período intenso de quatro meses. Isso significaria que ela trabalharia na escola durante o dia, além de realizar *workshops* várias noites por semana e o dia todo durante o fim de semana. Isso significaria que eu seria agora o cuidador principal dos nossos seis filhos.

Sharon: Foi difícil para nós dois. Quando voltava para casa, estava cansada, mas percebi que meu marido estava exausto e frustrado. Então, decidi começar a demonstrar meu agradecimento. Eu o beijava e agradecia por todo o seu esforço. Eu disse a ele que meus sucessos eram na verdade nossos e que ele estava fazendo um trabalho incrível. Foi bom compartilhar meu agradecimento com Dennis, especialmente porque pude perceber o quanto isso significava para ele.

Dennis: Eu estava acostumado a fazer minha parte nas tarefas domésticas e a cuidar dos filhos, mas naquele momento eu estava lutando para realizar meu trabalho remunerado e estava sobrecarregado com o interminável trabalho doméstico. Eu entendi a frustração que milhões de mulheres devem sentir. Quando minha esposa voltava todos os dias, eu estava pronto para uma discussão. No entanto, quando minha esposa me mostrou amor e apreço e prestou atenção aos meus esforços, ela colocou um sorriso no meu rosto, tornou-se minha companheira e não concorrente, e melhorou enormemente meu humor. O fato de ela compartilhar seu apreço por mim fez com que eu me sentisse ainda mais agradecido por ela.

♥

DIFERENÇAS

"Como você espera que eu aproveite este seriado se você fica rindo o tempo todo..."

Os opostos muitas vezes se atraem. Quando escolhe respeitar as Diferenças, você traz harmonia, alegria e inspiração para o seu relacionamento.

Phil e Lisa vivenciaram realidades distintas logo após se casarem. As comemorações de Natal eram um desastre. Quando Lisa era criança, todos em sua família recebiam um presente de Natal muito bonito e caro. Na família de Phil, todos se divertiam abrindo vários presentes baratos. Então, Lisa comprava para Phil um presente bonito e caro, e Phil comprava vários presentes baratos para Lisa. Todo Natal eles se sentiam decepcionados e incompreendidos, cada um pensando que o outro era estúpido demais para saber como realmente aproveitar o Natal.

Você pode achar engraçado que Phil e Lisa não viam como poderiam resolver seus problemas de maneira simples, respeitando suas realidades distintas, em vez de tentarem mudar um ao outro. No entanto, quando lidamos com as nossas próprias crenças preciosas, a maioria de nós é igualmente cega.

Diário reflexivo

- Que interesses e valores você compartilha com seu parceiro?
- Cite algumas virtudes que seu parceiro traz para o relacionamento – qualidades que você talvez não possua.
- Agora pense em algo em seu parceiro que incomoda você. Já que ele já tinha essa qualidade desde o começo, como você a viu de outra forma?
- Seu parceiro mudou ou você mudou?
- Agora você está ouvindo sua mente em vez do seu coração?
- Ouça o seu coração e reconheça (ou pelo menos respeite) as Diferenças.

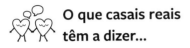 **O que casais reais têm a dizer...**

Becky (Califórnia): Na verdade, temos muito em comum. Durante os nossos 11 anos de casamento, mantivemos os nossos interesses separados e cultivamos mais interesses comuns. Exemplo: Quero cozinhar mais porque ele adora cozinhar e isso me inspira.

Algo que adorei em Frank quando o conheci foi sua confiança e o quanto ele era conhecedor de tantos assuntos. Fiquei intrigada quando o ouvi dar instruções ao grupo sobre o local de dança de salão que iríamos depois do jantar. Ele parecia um Thomas Guide* falante para instruções. No entanto, com o passar do tempo, às vezes ele parecia um sabe-tudo e isso era desanimador.

Depois de fazer esta atividade, nós dois mudamos. Frank tornou-se mais consciente ao compartilhar informações para não parecer um sabe-tudo e para dar aos outros amplas oportunidades de contribuição. Eu o aprecio ainda mais por sua riqueza de conhecimento e por sua natureza atenciosa de querer ajudar os outros com seus conhecimentos.

Gail (Nova York): Rick e eu fomos criados de maneira muito diferente, especialmente quando se trata de comida. Na casa de Rick sempre havia comida em abundância, uma despensa cheia de

---

* N.T.: O Thomas Guide é uma coleção de atlas rodoviários detalhados, encadernados em espiral. Publicados originalmente pela Thomas Bros. Maps, esses guias são repletos de mapas detalhados de várias áreas metropolitanas nos Estados Unidos. Antes de mapas digitais dominarem, esses guias eram a solução mais usada para quem precisava de informações rodoviárias detalhadas e confiáveis.

salgadinhos e muitas sobras em todas as refeições. Ele tem dois irmãos e a casa deles sempre estava cheia de amigos e parentes. Eu cresci como filha única. Tínhamos comida suficiente, mas não tínhamos muitos lanches ou comida preparada e raramente pedíamos comida. Enquanto a família de Rick se concentrava em fornecer comida para quem quer que aparecesse, minha família se concentrava em ter comida suficiente para que não houvesse desperdício. Essa diferença tornou-se muito evidente quando iniciamos nossa família em nossa própria casa. No início, Rick ficava irritado comigo (que faço as compras) e reclamava que nunca havia comida em casa. Eu ficava irritada com ele porque tínhamos muita comida, comida de boa qualidade, mas era comida que precisava ser preparada e eu achava que ele estava apenas com preguiça. Com o tempo, fiz a conexão entre a diferença nos valores alimentares de nossa infância e fui capaz de apreciar, em vez de me ressentir, do motivo pelo qual Rick se sentia daquela maneira. Ele também começou a entender melhor de onde eu vinha. Comecei a perguntar a Rick se havia algo especial que ele gostaria que eu comprasse no supermercado para que eu pudesse acrescentar à minha lista. Agora eu pego alguns itens especiais que sei que ele gosta, e está genuinamente agradecido porque sabe que faço isso especialmente por ele.

Anônimo: Meu marido e eu somos definitivamente diferentes. Tenho tendência a ser mais quieta e mais "diplomática", enquanto meu marido diz a todos exatamente o que está pensando. Às vezes, fico um pouco nervosa com a maneira assumidamente honesta com que ele fala com as pessoas. Tenho tendência a ficar mais preocupada se isso pode ofender alguém ou ferir os seus sentimentos. Percebi algumas coisas ao usar essa ferramenta específica. A confiança do meu marido foi uma de suas qualidades que mais me atraiu no início do nosso relacionamento – e ele não mudou nesse aspecto. O que mudou foi que, como casal, senti que a forma como ele partilhava a sua opinião refletia em nós dois, o que não é necessariamente verdade. Agradeço a honestidade do meu marido e sei que muitas pessoas que o conhecem também apreciam isso nele. Parte de mim gostaria de ser tão ousada quanto ele. Depois de usar essa ferramenta, decidi que não vou mais ficar nervosa. Meu marido é quem ele é. Sua autoconfiança ainda é algo que considero atraente (mesmo que nem sempre concorde com sua opinião).

♥

3
O que os seus pensamentos têm a ver com isso?

"Os significados não são determinados pelas situações, mas sim por nós, a partir dos significados que damos a elas."
— Alfred Adler

QUANTAS VEZES VOCÊ JÁ OUVIU frases como: "Ele/ela me faz tão feliz" ou "Prometo te fazer muito feliz"?

Você acredita na ideia de que uma pessoa pode criar felicidade para outra? A verdade é que a felicidade não é gerada por fatores externos, mas sim pelos nossos pensamentos.

Lembre-se do diagrama 80/20 enquanto lê a história do Gato de rua de Wayne Dyer mais adiante.

Se o velho gato de rua passasse 80% do tempo focando os aspectos negativos da vida, provavelmente ele não se sentiria conectado à felicidade que está "no final do próprio rabo". Em vez disso, ele escolhe seguir pela vida com uma perspectiva positiva, e a felicidade o acompanha onde quer que ele vá.

Reconhecer que você é responsável pela sua própria felicidade pode ser assustador, porque significa que não pode culpar os outros. No entanto, também pode ser libertador saber que a sua felicidade está sob o seu controle e não depende de mais ninguém. Neste capítulo, você irá explorar como seus pensamentos e suas perspectivas influenciam a sua felicidade.

História do gato de rua de Wayne Dyer

Era uma vez um velho gato de rua que parou para observar um jovem gato de rua correndo em círculos sem parar.

Quando o jovem gato finalmente parou para recuperar o fôlego, o velho gato perguntou: "Você se importa em me contar o que está fazendo?".

O jovem gato respondeu, ofegante entre as palavras: "Bom, eu fui a uma aula sobre Felicidade Felina, e me disseram que a felicidade está no final do meu rabo. Tenho certeza de que, se eu correr mais rápido e com mais empenho, vou conseguir abocanhar essa felicidade".

O velho gato respondeu: "Hum... interessante. Eu sei que é verdade que a felicidade está no meu rabo. No entanto, descobri que, se eu apenas sair por aí curtindo a vida, a felicidade me acompanha onde quer que eu vá".

FELICIDADE

O segredo está no que escolhemos dar ênfase. Podemos nos sentir miseráveis ou felizes. O esforço é o mesmo.
— Carlos Castaneda

"O que devo fazer com ela?"

Canções românticas, filmes e romances promovem a ideia de que outra pessoa pode te fazer feliz. Essa pode ser uma das razões pelas quais tantos casamentos falham. Se você não está feliz antes de entrar em um relacionamento, não será feliz depois que a empolgação inicial passar. Você é responsável pela sua própria Felicidade – ela vem de dentro.

Às vezes, como mostrado na ilustração, a possibilidade de felicidade está bem à sua frente e você não a percebe.

 Diário reflexivo

- Em vez de esperar que seu relacionamento te faça feliz, prepare uma lista de maneiras de trazer Felicidade para o seu relacionamento. (Dica: às vezes, a sua própria felicidade interior é contagiante.)
- Esperar que seu parceiro te faça feliz é um caminho para o desastre. Isso vira argumento para culpá-lo, em vez de buscar a sua felicidade interior. Você pode criar a sua própria felicidade. Comece com uma lista de coisas que te inspiram. Se você estiver tendo dificuldades para acessar a sua felicidade interior, considere o seu foco 80/20. Você está passando 80% do tempo focando o positivo ou o negativo? Quais pensamentos você pode mudar para chegar mais perto da sua felicidade? Alguns descobriram que a meditação ajuda – apenas para perceber os muitos pensamentos que surgem e se reconectar com a respiração. Com a prática recorrente da meditação, muitos experimentam inspiração vinda de sua sabedoria interior.

 O que casais reais têm a dizer...

Laney (Califórnia): Essa ferramenta nos ajudou a encontrar uma apreciação maior pelo nosso relacionamento e de um pelo outro. Concordamos que, quando estamos felizes, trazemos energia positiva, senso de humor e agimos com amor e amizade, o que desperta sorrisos e amor em troca. Em outras palavras, recebemos o que damos. Percebemos que atraímos o que somos.

Continuamos compartilhando o que achávamos que fazia o outro feliz e o porquê. Por exemplo, eu sempre acreditei que o golfe fazia Mike feliz e por isso sempre apoiei o amor dele pelo jogo.

Ele confessou que o golfe não estava na lista dele do que o fazia feliz. Isso me permitiu admitir que não amava vê-lo jogando golfe toda semana, mas apoiava porque pensava que isso o fazia feliz.

Fiquei surpresa quando compartilhou comigo que o que o faz feliz é estabelecer metas e alcançá-las. Eu não conseguia acreditar no que estava ouvindo! Sempre achei que ele fosse o rei da procrastinação e que seus projetos/metas não eram tão importantes para ele quanto eram para mim. Mike tem uma lista de projetos inacabados. Ouvir isso me ajudou a refletir sobre nossos 17 anos juntos e pude perceber que ele realmente era mais feliz quando estava trabalhando em projetos, em vez jogando golfe.

Conseguimos criar um plano, de uma maneira não defensiva, divertida e feliz, para trabalhar em projetos juntos. Eu compartilhei que fico mais relaxada e feliz em casa quando ela não está uma bagunça. Também disse a ele o quanto aprecio todo o apoio dele para todas as minhas aventuras: minha educação, carreira, yoga, tempo com os amigos e planejamento de eventos. Essas coisas me fazem feliz. Ele disse: "Eu sei, e é por isso que quero que você faça essas coisas e é por isso que fiz faxina ontem". (Sorrisos.)

Ele terminou nossa conversa dizendo: "A Felicidade é dar a alguém sem esperar nada em troca". Eu acrescentei ao comentário dele dizendo: "É a verdadeira dádiva de dar". Concordamos que cada um de nós é mais feliz quando o outro está feliz. Acho que você realmente recebe o que dá.

Mike lembrou que, antes de nos casarmos, há 11 anos, um senhor mais velho lhe disse uma grande frase: "Mulher feliz, vida feliz!". Ele sorriu e disse: "Muito verdadeiro!".

♥

Tom e Carol (Nova York): Tom: A Felicidade é muito importante para mim. Quando penso nos momentos da minha vida em que estive mais feliz, percebo que sempre estou em um estado relaxado, apreciando a vida exatamente como ela é. A gratidão geralmente faz parte dessa equação, e aprendi que, quando me pego sentindo algo diferente de felicidade, isso sempre está ligado aos meus pensamentos.

Um dos pensamentos mais úteis para mudar meu padrão de "infelicidade" é me perguntar: "Por quais pensamentos estou disposto a abrir mão da minha felicidade?". Quanto mais pratico essa consciência, maior se torna o meu "Quociente de Felicidade".

O maior desafio para mim é ser gentil e manter minha mentalidade feliz quando minha parceira não está se sentindo feliz. Aprendi que, quando resisto à vontade de consertá-la e, em vez disso, aplico a ferramenta Aceitação, fica muito mais fácil manter meu espaço de Felicidade até que ela consiga se recompor.

Outras ferramentas que ajudam incluem: Saber escutar, Perguntas curiosas e (com cuidado) Senso de humor. O livro *Serenidade*, da Dra. Jane Nelsen, me ajudou a desenvolver e exercitar minha habilidade de ser feliz, prestando atenção em como estou me sentindo e usando meus sentimentos como minha bússola.

Outra percepção útil foi entender que é quase impossível sentir feliz o tempo todo. Ajuda muito saber que, se eu der espaço, minha felicidade sempre retorna. Outra lição importante foi lembrar que eu, e somente eu, sou responsável pela minha felicidade.

Carol: Aprendi com meus dois casamentos anteriores que ninguém pode me fazer feliz. Minha felicidade vem das minhas crenças internas e de como interpreto minha vida em cada momento. Tom e eu nos apoiamos em seguir nossas paixões e sonhos, e sabemos o quanto é importante cuidarmos de nós mesmos individualmente e criarmos momentos pessoais de qualidade. Descobrimos que, quando fazemos isso, nosso tempo juntos tem uma qualidade muito mais vibrante. Essa ferramenta nos lembrou o quanto é importante saber que somos responsáveis pela nossa própria Felicidade.

PERCEPÇÃO

"A beleza está nos olhos de quem vê."
— Platão

Muitas pessoas não percebem que sua visão do mundo é filtrada pelas crenças que formaram na infância. Sua vida se torna mais rica quando você está disposto a parar de levar seus pensamentos (crenças) tão a sério e a enxergar o mundo com o coração e a sabedoria interior. Tudo está nos olhos de quem vê. Como Adler disse: "Os pensamentos não têm significado, exceto aquele que damos a eles". Durante um conflito, faça uma pausa e se pergunte: "Qual é a crença por trás da minha percepção do que está acontecendo?". Compreender que isso é apenas uma crença que você criou vai ajudá-lo a deixar de lado pensamentos incômodos e a acessar seu coração e sua sabedoria interior.

Feche os olhos e deixe seu coração transformar sua percepção.*

 Diário reflexivo

- Você percebe o mundo por meio de crenças (filtros) que criou na infância. Pense em um conflito passado e escreva sobre a crença que estava por trás da sua interpretação do que aconteceu. (Nos nossos *workshops Casais felizes permanecem juntos,* você aprenderá uma atividade que ajuda a interpretar memórias de infância para entender melhor as crenças que formou quando era criança e que moldam seus filtros atuais.)
- Ao entender que suas crenças filtram sua percepção, você pode escolher perceber o mundo com o seu coração. Reescreva a situação antiga usando a percepção do coração. Como isso muda a forma como você enxerga o ocorrido?
- No futuro, se surgir um conflito, faça uma pausa e se pergunte: "Qual é a crença que está por trás da minha interpretação sobre o que está acontecendo?".

---

* Para uma maior compreensão do conceito, leia *Serenidade*, de Jane Nelsen.

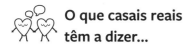 **O que casais reais têm a dizer...**

Susan (Nevada): compartilhou que ficou chateada com Bart por ele não se mostrar entusiasmado com a ideia de comprar uma propriedade e alugá-la. Ela pensou que Bart simplesmente estava sendo preguiçoso. Quando assumiu a responsabilidade pela sua percepção, percebeu que o problema era o seu *timing*. Susan não havia dado a ele o tempo necessário para processar a possibilidade – algo que sabe que ele precisa (e que ela também deveria praticar). Ao refletir melhor, percebeu que Bart tinha todo o direito de resistir às tarefas envolvidas em ser proprietário. Pensando mais a fundo, entendeu o quanto poderia aprender com Bart ao relaxar e se permitir focar em momentos de lazer, em vez de adicionar mais uma coisa à sua lista de preocupações.

A ferramenta da Percepção me ajudou a ir ao meu coração, olhar as coisas pela perspectiva do meu marido e apreciar como sua sabedoria e abordagem prática já nos beneficiaram no passado.

♥

Daniella (Guayaquil, Equador): Já pratiquei essa ferramenta antes, mas não fui muito consistente. Essa é outra estratégia que é influenciada pelos meus pensamentos e pela forma como vejo a mim mesma, os outros e o mundo. Preciso aprender a aceitar o que não posso mudar e adotei uma nova frase como lembrete: "Os defeitos do seu parceiro são o preço que você paga pelas virtudes dele".

♥

CÉREBROS MASCULINO E FEMININO

"Quando ele diz que tem uma paixão que o consome, isso quer dizer que ele está com fome..."

Muitos já ouviram falar do livro *Homens são de Marte, mulheres são de Vênus*, do Dr. John Gray. Na obra, o Dr. Gray se baseia em anos de experiência como psicólogo especializado em aconselhamento de casais para descrever, com detalhes que podem ser relatados e humor, como as diferenças entre homens e mulheres impactam os relacionamentos amorosos. Se quiser dar boas risadas sobre o tema, procure pelos vídeos do Dr. Gray na internet.

Pesquisas sobre o cérebro agora comprovam que existem, sim, diferenças entre os Cérebros masculino e feminino tanto na fisiologia quanto na função, e essas diferenças começam bem cedo na vida[**].

[**] Bruce Goldman (2017). Two Minds. The Cognitive Difference between Men and Women. Stanford Medicine Magazine. Disponível em: https://stanmed.stanford.edu/2017spring/how-mens-and-womens-brains-are-different.html.

Claro que fatores sociais e comportamentais também influenciam na formação de papéis de gênero ou estereótipos. Reconhecer que homens e mulheres podem ter perspectivas diferentes relacionadas à experiência de gênero abre portas para uma melhor compreensão, uma comunicação mais eficaz e, em última análise, uma conexão mais próxima. Essa ferramenta pode te ajudar a superar estereótipos culturais, hormônios e outras desculpas que o impedem de respeitar seu parceiro e a si mesmo.

# Diário reflexivo

- Escolha um ou dois desafios que você esteja enfrentando e escreva sobre como pode pensar de forma diferente do seu parceiro.
- Reconheça a validade da maneira como seu parceiro pode pensar e sentir de forma diferente. Coloque-se no lugar dele e considere escrever a situação sob a perspectiva dele.
- Compartilhe sobre como vocês podem se apoiar mutuamente sem apontar quem está certo ou errado.
- Use seu senso de humor.

O que casais reais têm a dizer...

Tessa (Jackson, MS): Marcamos um encontro para começar a trabalhar com as cartas de ferramentas. Coloquei as crianças para dormir, tomei banho, me preparei para a cama e sentei com folhas de papel em branco para anotações e reflexões.

Brandon perguntou: "Quanto tempo você acha que isso vai levar?". Fiquei furiosa. Peguei a folha dele, amassei com a minha e joguei no lixo, gritando: "Que diferença faz? Se o nosso casamento não é importante o suficiente para você dedicar o tempo que for necessário, então esqueça tudo isso".

Brandon ficou atônito. "Eu não quis dizer que não quero dedicar o tempo necessário. Só estava perguntando quanto tempo poderia levar."

Eu não consegui aceitar a explicação dele. Tinha certeza de que Jackson não se importava o suficiente comigo ou com o nosso casamento. Então paramos de trabalhar com o baralho – por seis meses, até que finalmente consegui rir de mim mesma, compartilhar essa história e recomeçar.

♥

Thierry (Bordeaux, França): Minha esposa, Claude, e eu estávamos indo ao mercado em uma manhã de sábado. Eu estava dirigindo. Quando chegamos ao estacionamento do mercado, passei por uma vaga e depois por outra antes de Claude comentar (com um tom irritado): "O que há de errado com essas vagas?". E então disse: "Que tal aquela?".

Eu estava prestes a reagir com irritação também, mas lembrei dessa ferramenta. Em vez disso, disse, com um tom bem-humorado: "Acho que, porque meu cérebro masculino funciona de maneira diferente do seu, às vezes é mais importante para mim avaliar as opções antes de escolher uma vaga". Nós dois rimos muito.

Desde que começamos a usar as cartas de ferramentas, percebemos que muitas vezes combinamos mais de uma ferramenta para evitar discussões e criar mais alegria e harmonia em nosso dia a dia. Nesse caso, comecei com "Agir *versus* reagir", seguido de "Compreenda o cérebro", e juntos adicionamos "Senso de humor" para tornar a situação divertida.

♥

Rick (Nova York): Gail passou recentemente por um pequeno, mas repentino, procedimento médico. Estávamos em casa discutindo o ocorrido, e eu não estava satisfeito com a forma como o médico lidou com a situação. Estava, de certa forma, irritado ao compartilhar minha insatisfação, quando minha esposa começou a chorar. Sua reação me surpreendeu, e perguntei o que a havia chateado. Ela disse: "Eu só quero um pouco de apoio da sua parte. Por que você está ficando bravo?".

Lembrei-me dessa ferramenta e percebi que tinha entrado no modo masculino de proteção/solução de problemas, enquanto o que minha esposa realmente precisava naquele momento era apenas ser consolada. Ela me explicou que a experiência havia sido muito assustadora, até traumática; mas que ela gostou da forma como o médico lidou com a situação.

Minha preocupação com o bem-estar físico dela e o desejo de resolver o problema (da forma como eu via) me fez ignorar que ela precisava de apoio. Percebi que deveria confiar que o nível de confiança dela em relação ao médico era o que importava, e meu papel como parceiro naquele momento era apenas reconhecer o quão assustadora a experiência fora para ela e oferecer meu apoio. Isso também me fez refletir sobre outras vezes em que entrei nesse modo protetor, quando talvez eu pudesse ter apenas escutado e apoiado. Durante o restante da noite, foquei em validar os sentimentos de Gail e oferecer-lhe conforto.

Gail: Eu estava muito emotiva depois dessa experiência. Não conseguia entender por que Rick estava ficando tão bravo. Fiquei magoada ao perceber que ele parecia mais preocupado com o que o médico fez do que com a minha experiência e como eu estava me sentindo. Comecei a me sentir irritada também. Quando expressei que o que eu queria dele naquele momento era conforto, Rick mudou sua postura, e a energia ao redor da situação também mudou. Senti-me validada e percebi que a raiva e o foco dele no médico vinham de um lugar de preocupação comigo.

4
Crie conexão

"Conexão é a energia criada entre as pessoas quando elas se sentem vistas, ouvidas e valorizadas — quando podem dar e receber sem julgamento."
— Brené Brown

EXISTE UMA FRASE BEM CONHECIDA na comunidade da Disciplina Positiva: *conexão antes da correção*. As pessoas estão muito mais dispostas a se concentrar em uma correção depois de sentirem a conexão. A conexão é o cerne do que você faz, e priorizá-la é muitas vezes o passo mais importante que você pode dar para resolver um conflito (e trazer mais alegria ao relacionamento). Reservar um tempo para se conectar pode realmente preparar seu cérebro para receber melhor as informações (ver Compreenda o cérebro). O simples foco na cura ou no fortalecimento de um relacionamento por meio da conexão pode resolver muitos conflitos.

Em seu livro *Primeiro o mais importante*, o Dr. Stephen Covey conta uma história sobre pedras. Ele tem uma jarra grande, pedras grandes, pedras menores, cascalho e areia. Quando Covey coloca primeiro as pedras grandes, depois as pedras menores, o cascalho e por fim a areia, tudo cabe na jarra. Mas se ele colocasse a areia primeiro e as pedras grandes por último, as pedras grandes nunca caberiam. Como isso se relaciona com os relacionamentos? Quando você se concentra primeiro nas grandes prioridades, fortalece sua base e é capaz de lidar melhor com o restante. Mas quando você coloca as prioridades menores em primeiro lugar, quando deixa a agitação da vida diária assumir o controle, as necessidades fundamentais do seu relacionamento ficam excluídas. Simplesmente não há espaço. Nutrir a conexão em seu relacionamento é uma pedra grande. Quando você se concentra nela, as pedras menores se encaixam com facilidade. Neste capítulo, apresentaremos ferramentas para apoiar sua conexão com seu parceiro. Ferramentas como Flerte, Arrume tempo para o romance ou Senso de humor podem parecer simples (e são) e fazem uma grande diferença quando praticadas regularmente. Validar sentimentos é uma das ferramentas mais simples desta obra e também uma das maneiras mais fáceis de criar conexão.

ESCUTA ATIVA

"Francamente, Raul, achei que você seria um ouvinte melhor..."

Você já perdeu a sincronia com seu parceiro? Um de vocês quer conversar e o outro não está com vontade – criando ressentimento e mágoa? Você caiu em um padrão obsoleto de trocas corriqueiras?

Escuta ativa é diferente de conversar. Significa *apenas* curtir a presença da pessoa amada. Significa estar disponível se o seu parceiro quiser conversar, e ficar contente se ele não quiser conversar. É uma forma de estar aberto e disponível para o seu parceiro sem precisar de nada dele. O simples fato de estar presente em uma sala com seu parceiro enquanto ele faz outra coisa pode criar uma conexão.

Diário reflexivo

- Periodicamente, reserve um tempo para sentar-se ao lado de seu parceiro sem dizer uma palavra.
- Se ele perguntar o que você quer, diga algo como: "Só sentar ao seu lado".
- Não se surpreenda se ele começar a falar; isso acontece uma vez que ele não se sente forçado a conversar.
- Se a comunicação verbal não acontecer, relaxe e aproveite a companhia dele ou dela. Sua energia amorosa será transmitida.
- Quando você tiver tido a oportunidade de praticar essa ferramenta várias vezes, registre a experiência em um caderno. O que você percebeu? Como se sentiu? Como seu parceiro respondeu?

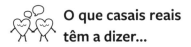 **O que casais reais têm a dizer...**

Mónica (Lima, Peru): Percebi que às vezes o simples fato de passar um tempo sentada ao lado do meu marido me estimulava a apreciar estarmos juntos e a me comunicar novamente com carinho e afeto. Percebi que não é sempre que precisamos estar em atividade ou conversando para curtir a companhia um do outro.

Passei a gostar de coisas simples que me ajudaram a ter consciência do momento que estou vivendo com meu marido. Meu marido é muito carinhoso e gostou muito dessa ferramenta.

Joel (Califórnia): Logo depois de ler o comentário inicial sobre nos sentirmos fora de "sincronia" em relação à conversa, Heidi e eu rimos. Rimos porque claramente nem sempre estamos sincronizados quando se trata de conversar.

Heidi gosta de falar. Ela gosta muito de falar. Não me entenda mal, adoro conversar com minha esposa, mas muitas vezes o momento é "errado" para mim quando se trata de me sentir pronto e disponível para conversar. Preciso de tempo para processar o assunto de modo a me sentir bem em ter uma conversa. Sabíamos que seria uma ótima atividade para nós e talvez até um pouco desconfortável.

Ao discutirmos a introdução, percebemos que tínhamos perspectivas diferentes sobre conversar. Compartilhei com Heidi que é difícil para mim falar na hora. Preciso de tempo para processar o assunto e me sentir bem em ter uma conversa. Ela gosta de saber sobre isso e se sente mais conectada quando conversamos.

Heidi compartilhou que precisava/queria conversar todos os dias, e minha reação inicial foi que ter que conversar todos os dias seria demais. Posso ter compartilhado essa mensagem de uma forma pouco compassiva. Os sentimentos de Heidi ficaram feridos e ela começou a chorar, o que destacou um dos motivos pelos quais não gosto de falar na hora.

Depois de uma discussão muito emotiva, vivenciamos algumas revelações profundas. Percebi que Heidi expressa a si mesma, suas ideias e suas paixões com palavras. (Ela pensa em voz alta.) Muitas vezes me sinto sobrecarregado e inseguro porque não sei se consigo corresponder ao que Heidi precisa em uma conversa. (Preciso de tempo para "pensar" em silêncio.)

Aprendi muito com essa atividade. Identifiquei que preciso processar o assunto, meus sentimentos, a conversa e as informações antes de me sentir confiante e confortável para entrar em uma discussão completa. Não quero parecer estúpido para Heidi ou como se não soubesse do que estou falando. Quero compreender totalmente meus sentimentos para poder responder a Heidi e não reagir por frustração ou medo. Assim que tiver a chance de pensar sobre quais são meus sentimentos e por que os sinto, posso ter uma conversa educada com Heidi do fundo do meu coração, em vez de ficar na minha cabeça e me sentir na defensiva.

Heidi percebeu que gostaria de validar meus sentimentos em vez de entrar direto na conversa para que eu tivesse tempo de processar as informações. Percebeu também que, quando demoro para processar as informações, ela às vezes leva para o lado pessoal e se sente insignificante e como se eu não quisesse falar com ela. Heidi está aprendendo a NÃO levar isso para o lado pessoal.

Decidimos que uma solução que funcionará para nós dois é tentar conversar quando pudermos durante a semana, mas guardar coisas maiores para nossas reuniões de casal, para que eu tenha tempo de processá-las antes de discuti-las. Decidimos o dia e a hora da semana e concordamos que essa seria a solução mais respeitosa para nós dois. Enquanto isso, durante a semana, Escuta ativa é uma ferramenta útil. Sentimo-nos conectados sem precisar conversar se o momento não for o certo.

Realizamos nossa primeira reunião de casal esta semana. Tínhamos três itens na pauta. Heidi estava doente e eu estava *muuuuito* cansado, mas fizemos a reunião mesmo assim, e foi ótimo não apenas seguir em frente, mas também nos conectar e conversar sobre coisas fora do calor do momento.

Cada ferramenta nos aproxima. Estamos casados há apenas seis anos, mas estamos juntos desde o ensino médio (mais de 20 anos) e nosso relacionamento está cada vez melhor. A Disciplina Positiva tem um papel enorme nisso! Obrigado.

Bart (Sydney, Austrália): No início do nosso relacionamento, Penny e eu atuávamos em velocidades e horários completamente diferentes. Penny funciona muito bem e processa seus pensamentos na velocidade da luz. Claro, sou o oposto e às vezes corro na velocidade do bicho-preguiça. Isso foi motivo de muita tensão até que ela aprendeu a desacelerar e eu acelerei, então nos encontramos no meio do caminho.

Esta atividade também tocou na nossa questão sobre o tempo de tela, já que gosto/preciso relaxar vendo TV à noite enquanto Penny lê na cama. Então vou para a cama tarde e quero discutir algo e Penny está muito cansada. Aprendi da maneira mais difícil que, se continuar com esse padrão de ir para a cama tarde demais, o sexo definitivamente estará fora do cardápio, e se eu for para a cama mais cedo, há pelo menos uma chance.

Concordamos que o simples fato de estarmos juntos na mesma sala, digamos, lendo, cria conexão. Não temos a mesma sensação quando estamos ambos em nossos *laptops*, mesmo que estejamos no mesmo cômodo.

Penny me disse que a melhor parte do dia dela é ficar abraçada comigo antes de dormir. E, no entanto, isso não acontece se eu ficar vendo muita TV e for dormir tarde. E então pensei: "Aquele programa de TV porcaria vale mais do que perder a chance de fazer minha esposa feliz?". Eu não deveria ter que responder essa pergunta!

SENSO DE HUMOR

"Eu disse que ele precisava aprender a rir de si mesmo ..."

No início de um relacionamento, os casais tendem a se divertir e a rir muito. Por que isso diminui com o tempo? Será que a razão pela qual o amor parece diminuir é que os casais param de se relacionar com o coração, onde o amor é incondicional, e começam a prestar muita atenção aos julgamentos que vêm da cabeça?

O senso de humor vem do coração. Se você não está rindo e se divertindo, observe o quanto está agindo com sua cabeça em vez de com o coração.

 Diário reflexivo

- Lembre-se de que o senso de humor pode criar magia em um relacionamento quando as coisas ficam tensas. Pode ser útil reconhecer o que já está funcionando. Onde o humor aparece no seu relacionamento? Vocês têm piadas internas ou têm sinais bobos? Por que está faltando humor em seu relacionamento, se vocês costumavam rir juntos quando se conheceram? Se sim, por quê? O que mudou?
- Criem sinais juntos que os lembrem de seu senso de humor. Você também pode criar lembretes para explorar seu senso de humor quando as tensões começarem a surgir.

Observação: se você tentar usar o humor e seu parceiro não estiver rindo, você pode estar usando sarcasmo ou ter usado humor no momento errado.

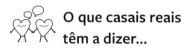

O que casais reais têm a dizer...

Gail (Nova York): Quando nosso filho tinha um ano, ele adquiriu o hábito de esvaziar e espalhar o conteúdo da lixeira e de várias gavetas da cozinha pelo chão. Finalmente conseguimos travas magnéticas em vários armários e gavetas e movi a lixeira para debaixo da pia dentro de um dos armários trancados.

Contei ao meu marido para onde tinha mudado a lixeira, mas comecei a perceber que ele estava deixando itens recicláveis na bancada. Isso começou a realmente me irritar. Cada vez que eu via algo que ele havia deixado de fora, iniciava um diálogo frustrado na minha cabeça: "Por que é tão difícil para ele simplesmente jogar isso na lixeira?". "Eu sou a empregada dele?". "Ele está sendo muito preguiçoso".

Eu sabia que não seria produtivo compartilhar esses pensamentos com meu marido, então os guardei para mim e deixei a frustração crescer (também não foi produtivo). Certa manhã, nós dois acordamos nos sentindo muito bem. A rotina matinal estava fluindo e ríamos de pequenas coisas aqui e ali. Meu marido e eu estávamos na cozinha e eu me virei para ele e disse: "Sabe, querido, percebi que talvez não tenha lhe contado para onde mudei a lixeira".

O momento e meu tom foram engraçados o suficiente para que ele entendesse a mensagem sem se sentir criticado. Ele olhou para mim e começou a rir e balançar a cabeça como quem dizia: "Estou te ouvindo". O humor da situação eliminou minha frustração.

De vez em quando peço-lhe que se lembre de colocar recicláveis no lixo em vez de deixá-los na bancada, mas já não estou frustrada com isso e ele está receptivo ao lembrete. Uma pequena dose de humor realmente dá o tom para comunicações futuras.

♥

Laney (Califórnia): É incrível que a ferramenta com a qual mais nos identificamos seja a que utilizamos por último. A principal razão pela qual me senti atraída por meu marido foi seu senso de humor e porque ele SEMPRE conseguia me fazer rir. Seu senso de humor bobo não só me fazia rir, mas também era muito sedutor!

Ele reclamou que eu fiquei muito sensível e que ultimamente ele sente que não consegue brincar comigo. Isso me fez pensar por que comecei a levar tudo tão a sério enquanto desconsiderava completamente seu senso de humor e assumia que eram pequenos golpes contra mim, em vez de lembrar que esse AINDA era o senso de humor dele. Por que eu estava ficando tão na defensiva?

Depois de estudar essa ferramenta, ficamos mais brincalhões e pudemos nos divertir juntos em vez de levar tudo tão a sério e para o lado pessoal.

Decidimos:

1. Curtir, ser um pouco bobos, rir e nos divertir mais com coisas bobas.
2. Usar mais toques como um lembrete para sermos mais brincalhões e menos sérios, por exemplo, dizendo que preciso de um abraço, de cócegas, de brincar de "luta".
3. Lembrar que precisamos relaxar, não nos preocuparmos com pequenas coisas e não levar as coisas tão a sério.

Já se passaram várias semanas e estamos rindo, brincando e nos divertindo muito. Apenas mais um excelente exemplo de que esse baralho *Disciplina Positiva para casais* funciona e que realmente faz manter a felicidade nos relacionamentos!

♥

Mónica (Lima, Peru): Quando estamos no nosso dia a dia e há tensão, essa ferramenta nos tira da situação porque nos estimula a relaxar e a não nos levarmos tão a sério ou comentários para o lado pessoal. Estamos aprendendo a rir de nós mesmos e a ter uma atitude mais jovial. Foi fácil e divertido praticar essa ferramenta.

VALIDE SENTIMENTOS

Sentimentos são apenas sentimentos.

Essa é uma ferramenta muito importante que deveria estar no baralho *Disciplina Positiva para casais*. Esperamos que você faça a sua própria carta para adicionar ao baralho, para servir como um lembrete de quão importante é.

Como você responde (ou reage) aos sentimentos do seu parceiro, especialmente em momentos de conflito ou desafio? Você tenta resgatar, consertar ou dissuadir (ou seja, mudar os sentimentos do seu parceiro)? Você dá conselhos sobre o que seu parceiro pode fazer para mudar a maneira como ele se sente? Você evita os sentimentos do seu parceiro (porque se sente desconfortável)? Você os desconsidera? Qualquer uma dessas abordagens pode provocar vergonha, culpa, ressentimento, sentimentos de inadequação e/ou desconfiança.

Os sentimentos fornecem informações valiosas sobre quem você é e o que é importante para você. Ao validar os sentimentos do outro sem consertar, resgatar, interromper ou ignorar, você transmite uma mensagem de amor, empatia e respeito. É uma forma de dizer: "Eu te amo e confio em você".

Você pode validar os sentimentos do seu parceiro por meio de uma frase como "Estou vendo que você está desapontado". Validar os sentimentos não significa que você concorda com os pensamentos ou ações do seu parceiro. É simplesmente reconhecer os sentimentos do outro sem julgamento. Esse simples ato é uma forma poderosa de fortalecer a conexão entre vocês.

 Diário reflexivo

- Escreva sobre como você responde (ou reage) aos sentimentos do seu parceiro, especialmente em momentos de conflito ou desafio. Se você achar difícil validar os sentimentos do outro, escreva por que isso é difícil para você.
- Pense em uma ocasião em que você não validou os sentimentos do parceiro. O que poderia ter acontecido se você tivesse validado? Como você validaria os sentimentos do seu parceiro nessa situação? Pode ser útil praticar a validação de sentimentos se isso não for natural para você ou se você achar difícil fazê-lo sem adicionar conselhos, soluções ou razões pelas quais o outro não deveria se sentir como se sente.

O que os casais reais têm a dizer...

Dennis (Polônia): Voltei após uma semana fora e minha esposa e eu estávamos muito entusiasmados em nos ver. Ela veio me buscar no aeroporto sem as crianças, para que pudéssemos conversar e aproveitar um pouco de tempo a sós. Nós nos beijamos, nos tocamos e começamos a compartilhar histórias do que aconteceu desde a última vez que nos encontramos, e o clima estava muito bom. No entanto, poucos minutos depois de voltar para casa, minha esposa abordou um assunto tipicamente difícil – sobre o qual concordamos em discordar, e então ela encontrou outro e outro assunto até que me senti completamente sob ataque. Minha decepção começou a se transformar em atitude defensiva e depois em raiva – eu não conseguia entender como o bom humor havia evaporado tão rapidamente e por que estava sob ataque! No entanto, respirei fundo, lembrei-me que amo minha esposa, que confio nela para querer o melhor para o nosso relacionamento e disse: "Eu te amo, senti sua falta e estou ansioso para passar um tempo com você. Você parece irritada e chateada com alguma coisa, estou do seu lado e quero ajudar. Aposto que você está exausta depois de uma semana sozinha com as crianças, você quer me contar sobre isso?". Lágrimas brotaram de seus olhos, ela segurou minha mão e começou a explicar como estava física e mentalmente exausta e que seus pais criticaram as crianças quando vieram ajudar. Quando chegamos em casa nos sentíamos ainda mais próximos do que quando nos encontramos no aeroporto.

♥

ARRUME TEMPO PARA O ROMANCE

"Em nosso último aniversário, ele me deu um equipamento de pesca e eu dei para ele um par de brincos de diamantes..."

Você pode não ter notado a intenção, o tempo e o comprometimento que o romance exigiu quando vocês começaram a namorar, porque era divertido e emocionante. A boa notícia é que a lua de mel não precisa acabar. A intensidade inicial da atração e do namoro diminuiu, mas o romance pode se manter vivo. Assim como uma planta doméstica, ele precisa ser cultivado. Não vai crescer por conta própria.

 Diário reflexivo

- Quais eram as coisas românticas que você gostava durante o namoro?
- Se você fazia algo romântico durante o namoro e parou de fazer, explique o porquê. (Estar ocupado com os filhos e/ou trabalho são as desculpas mais comuns.)
- Escolha pelo menos uma prática romântica que você gostaria de reviver. Coloque isso em sua agenda como prioridade para manter o romance em seu relacionamento.

 O que os casais reais têm a dizer...

Mónica (Lima, Peru): Ler as cartas do baralho *Disciplina Positiva para casais* com meu marido abriu a possibilidade de perceber que há algumas coisas que podemos fazer para manter a chama acesa em nosso relacionamento. Percebemos o que paramos de fazer, incluindo passar algumas noites sem nossas filhas.

Começamos a cantar músicas juntos no carro, a jogar jogos de tabuleiro e algumas outras coisas para ter mais intimidade. Isso nos conectou novamente para curtir e lembrar que não somos apenas pais, mas também parceiros que querem continuar se divertindo juntos.

♥

Tricia e Hank (Paris, França): Tricia: Para mim, romance é uma espécie de interação mágica que acontece quando duas pessoas se sentem atraídas uma pela outra: seus corpos, mentes e almas dançam no mesmo ritmo. O romance me faz sentir especial, vista e desejada. É também a capacidade de ver o lado bonito do meu parceiro e celebrá-lo.

Sinto que o romance não está tão presente em nosso relacionamento como eu gostaria que estivesse. Somos pessoas apaixonadas e com um potencial muito bom para o romance!

Hank: Para mim, romance significa passar momentos especiais quando estamos conectados um com o outro. Quando podemos dar e receber ao mesmo tempo de maneira amorosa e cuidadosa – quando desejamos seduzir e ser seduzidos.

Não há tempo e espaço suficientes para romance em nosso relacionamento agora. Romance é raro. Quase como se não fosse mais uma prioridade. Seria preciso muito pouco para estar vivo novamente.

Razões para parar:

Tricia:
- Ter três filhos e ter cada vez menos tempo a sós.
- Ter empregos que demandam demais, nós dois (responsabilidades).
- Estar casado há 22 anos e às vezes considerar nosso relacionamento garantido.
- Cansaço físico: estamos correndo o tempo todo!

Hank:
- Falta de tempo e realinhamento de prioridades por causa das crianças.

- Crescentes responsabilidades profissionais.
- Peso da rotina, senso de responsabilidade afasta o romance e as coisas românticas.

Tricia: O estranho é que demoramos uma eternidade para passar por essa ferramenta, e o motivo foi... falta de tempo! Nós queríamos fazer disso uma prioridade, mas nossas agendas malucas estavam prevalecendo. Recentemente, até tentamos tirar um fim de semana de folga para ir a uma das principais cidades europeias que queríamos muito visitar, mas não conseguimos encontrar um momento que funcionasse para nós dois e para as crianças.

No início, quando começamos a discutir o romance, foi triste pensar que tínhamos que lutar para manter o amor vivo em nosso relacionamento, quando no passado era tão fácil e natural. Antes, não havia necessidade de discutir isso.

Debater o assunto nos fez desacelerar e compartilhar como dar pequenos passos para manter vivo e presente o que é importante para nós, apesar de nossas agendas.

Percebi que nossa compreensão do significado do romance era bastante próxima, não apenas em palavras, mas também em ações. Queremos a mesma coisa e é nossa responsabilidade fazer com que isso aconteça diariamente – bastante desafiador, mas possível. Já fazemos isso, mas não com tanta frequência. Abrir mais espaço para isso será o nosso objetivo, sabendo que também precisamos de mais compaixão pelo que somos capazes de fazer agora. Não estamos onde estávamos há 20 anos e está tudo bem porque nossa vida junto é repleta de coisas incríveis.

Hank: Apesar de pouco tempo para discutir assuntos pessoais e românticos, é útil perceber que estamos muito alinhados sobre como trazer o romantismo de volta às nossas vidas. É difícil tratar o romance como uma reunião de negócios. O amor não está programado. Temos que encontrar uma maneira de ter tempo para ele, mas não de forma rígida.

São interessantes todos os sentimentos que descobrimos ao passar por essa ferramenta: necessidade de compaixão, paciência, amor, cuidado, necessidade de ser visto e ouvido, esperança, necessidade de tocar. O que realmente importa é nos reconectarmos com o que foi e ainda é tão especial entre nós. Agradeço por esta jornada intimista.

FLERTE

"Você gostaria que eu lavasse suas costas?"

É fácil não dar valor ao seu parceiro. Flertar é uma forma de lembrar um ao outro que se amam e merecem atenção especial. Uma mulher de Quito, no Equador, que pediu para permanecer anônima, compartilhou: Essa ferramenta me trouxe lembranças da minha infância. Quando eu era criança, minha mãe era dona de casa. Eu tinha mais dois irmãos e era a caçula. Nunca entendi por que minha mãe, todos os dias às quatro horas, ia para o quarto, colocava um vestido bonito, penteava o cabelo e se maquiava e se perfumava. Essa era uma rotina diária. Achava bobagem, porque ela não ia sair ou algo assim, pelo contrário, era quase antes do horário de ir dormir.

Quando fiquei um pouco mais velha, entendi: meu pai chegava do trabalho às cinco horas, esse era o jeito que minha mãe tinha de flertar com ele.

Essa foi uma grande lição de vida para mim, e agora que sou casada não faço exatamente o que minha mãe fazia, mas sei da grande importância disso no casamento. Sempre tento ficar bonita para meu marido ou fazer algo para mostrar-lhe que quero ficar bonita para ele. Eu sei que ele me ama do jeito que sou, sei que não preciso estar sempre bem, mas quero estar bem para ele.

 Diário reflexivo

- Se flertar faz parte do seu relacionamento, inclua maneiras pelas quais seu parceiro já flerta com você e que você gosta. Em seguida, crie uma lista de maneiras pelas quais acha que seu parceiro gostaria que você flertasse com ele (e maneiras pelas quais você já flerta). Se você não sabe flertar, faça uma busca no Google por ideias. Você encontrará uma quantidade incrível de informações.
- Compartilhem suas listas e troquem *feedbacks*. Juntos, discutam o que estão dispostos a fazer para flertar um com o outro.

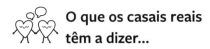 **O que os casais reais têm a dizer...**

Mary (Nebraska): Gary sabia que estudaríamos a ferramenta Flerte, então ele se antecipou antes mesmo de começarmos. Esta manhã ele preparou uma rabanada e escreveu "Eu te amo" dentro do pequeno logotipo de coração de Disciplina Positiva que ele recortou do bloco de notas que fica ao lado do telefone da cozinha, e colocou em cima da cobertura!!

Mesmo depois de 45 anos de casados, é divertido manter a alegria do nosso casamento com um pouco de flerte. Melhor marido do mundo!

Mónica (Lima, Peru): É difícil para mim ser carinhosa e meu marido sabe disso. Porém, ele é muito carinhoso. Quando tomei a iniciativa de implementar essa ferramenta, a minha ligação com o meu marido fez com que me sentisse um pouco mais apaixonada e mais sexy. Quando começamos a praticar juntos, aconteceram coisas interessantes que nos levaram a passar mais tempo juntos como casal e a passar noites românticas em casa.

♥

Bart (Sydney, Austrália): Claro, o tópico logo aludiu a uma discussão geral sobre sexo (o que é ótimo) e tivemos uma conversa muito franca. Como eu disse antes, essas cartas deveriam ser comercializados simplesmente como "Se você quer mais sexo em seu casamento, estude essas ferramentas!".

De qualquer forma, voltamos ao assunto e ambos concordamos que poderíamos flertar mais um com o outro, pois o perigo é ficarmos complacentes. Então, fizemos uma pesquisa no Google e encontramos ideias como mensagens de amor, abraçar e beijar mais etc.

Penny mencionou que ainda acha difícil ser realmente sexy em casa, pois associa isso ao seu papel de mãe. Então nos lembramos do que alguns de nossos queridos mentores compartilharam que eles reservavam religiosamente um motel local uma vez por semana. Achamos que era uma excelente ideia. Então, nós dois nos comprometemos novamente a passar uma noite por mês (achamos que uma vez por semana seria muito difícil e cara de organizar!) em um bom hotel na cidade, para investir em nossa intimidade.

Daniella (Guayaquil, Equador): Essa ferramenta me ajudou muito no meu relacionamento. Não sou uma pessoa afetuosa que demonstra amor de forma consistente. No início, meu marido riu de mim porque não entendeu o que eu queria dizer. Tive que lhe explicar que era uma estratégia para manter a felicidade em nosso casamento. Naquele momento, ele começou a me pedir mais surpresas. Posso entender por que os homens adoram essa ferramentas.

MOMENTO ESPECIAL

"Ele é um homem de poucas palavras,
a não ser que você conte os arrotos..."

Durante o namoro, passar tempo com seu amado é prioridade máxima. Depois de assumir um compromisso, você pode permitir que seu relacionamento sofra enquanto você consente que outras coisas (como TV, filhos, *hobbies* ou trabalho) tenham prioridade.

É claro que esses outros interesses são importantes (especialmente os filhos). E todos serão mais agradáveis quando você tiver alegria no seu relacionamento. Os filhos sentem a energia do seu relacionamento e se sentem mais seguros e felizes quando o seu relacionamento vem em primeiro lugar e eles vêm em um bem próximo segundo lugar. No fluxo e refluxo das prioridades da vida, tornar o tempo especial, regular uma prioridade acima de outras prioridades continuará criando os sentimentos que os uniram.

 **Diário reflexivo**

- Cada um faça sua própria lista de como gostaria de passar um Momento especial juntos.
- Compartilhem suas listas e circulem as coisas das quais gostam.
- Pensem sobre outras coisas que gostariam de fazer juntos.
- Programem um tempo na agenda para garantir que vocês passem Momentos especiais juntos. (Essa etapa é importante e pode ser uma parte rotineira da reunião semanal do casal.)

 O que os casais reais têm a dizer...

Laney (Califórnia): Essa ferramenta foi definitivamente uma das mais divertidas e emocionantes de se fazer! Uma das razões pelas quais foi tão emocionante é que Mike estava extremamente entusiasmado. Ele sempre me dizia: "Gostaria que tivéssemos mais tempo juntos". Eu, claro, concordava, mas tenho tantas desculpas para coisas que precisam ser feitas que às vezes passam semanas e até meses sem que tenhamos um encontro ou algum momento especial juntos.

Há um ano, combinamos de nos encontrar para almoçar todas as sextas-feiras enquanto os meninos estivessem na escola. Decidimos que poderia ser o nosso dia de encontro, mesmo que isso significasse apenas fazer algumas tarefas juntos. Essas sextas-feiras foram ótimas e foram o compromisso mais importante da agenda, até termos nosso terceiro filho. Precisávamos pedir à vovó para ser babá. Por vezes, parecia muito complicado.

Ao repassar essa ferramenta, pudemos revalorizar o tempo que tivemos e nos concentrar e planejar nosso tempo futuro juntos. Nós acabamos percebendo como nosso relacionamento parecia um pouco estranho e menos prioritário quando não estávamos nos encontrando para nosso momento especial.

Quando fizemos nossas listas de coisas divertidas para fazer, fiquei surpresa ao ver que Mike listou uma aula de cerâmica e uma aula de culinária. (Eu teria colocado essas coisas na minha lista se achasse que ele realmente faria isso.) Também fiquei surpresa com sua disposição de se comprometer com entusiasmo com a yoga e com um piquenique que estava na minha lista. Ainda mais surpreendente foi quando ele me pediu para pegar as agendas e escolher datas para as coisas divertidas que havíamos listado.

A última coisa que conversamos foi sobre os momentos especiais e as memórias que criaríamos para nossa família. Domingo sempre foi o dia da nossa família e geralmente envolve ir a algum lugar. Nós dois decidimos que iríamos alternar nossos domingos entre ir a algum lugar duas vezes por mês, receber amigos uma vez por mês e trabalhar nas tarefas domésticas na última semana.

Mais uma vez, a ferramenta trouxe muito mais do que uma oportunidade de falar sobre Momentos especiais. Deu-nos a oportunidade de planejar e comunicar outras expectativas e ideias importantes em uma atmosfera não defensiva e, sim, amorosa.

♥

Jessica e José (Quito, Equador): Trabalhando com essa ferramenta eu entendi que um Momento especial era uma forma de investir na nossa felicidade. Foi divertido fazer a lista, mas confesso que achei que não era possível, principalmente quando estava na lista fazer uma viagem de uma semana. Tínhamos planejado essa viagem, mas inicialmente era uma viagem com toda a família, agora sem as crianças...? Mas era necessário e devíamos isso a nós mesmos.

Chegou a hora. Havíamos decidido e planejado tudo. Nós apenas tínhamos que ir. Admito que tive dúvidas. Achei que deixar as crianças por uma semana não era uma boa ideia. Eu me senti culpada. Achei que as crianças iriam sofrer.

A verdade é que no início foi difícil. Ligamos para as crianças de hora em hora e só conversávamos sobre elas. Depois de alguns dias, começamos a desfrutar da companhia um do outro. Conversamos sobre coisas que tínhamos pendentes e nos conectamos.

E as crianças? Bem, elas sobreviveram e isso nos ajudou como família. Por um lado, sentiram nossa falta; e também aprenderam que podem ficar bem sem nós. A viagem foi maravilhosa em todos os sentidos. Agora temos o compromisso de fazer algo assim periodicamente.

Gail (Nova York): Tínhamos entrado em uma rotina bastante obsoleta que se concentrava principalmente nas necessidades diárias do trabalho, dos filhos, da casa etc. Não incluía um Momento especial para Rick e eu, e nossas interações estavam começando a parecer sem graça. Não estávamos brincando ou flertando tanto. Estava faltando diversão.

Uma noite, depois do jantar, peguei a carta e fiquei surpresa ao ver como Rick também sentia falta dos Momentos especiais a dois. Não sei por que pensei que só eu percebia a falta de vigor em nosso relacionamento. Um dos itens da lista de Rick era assistir a um programa juntos à noite, depois que as crianças vão dormir. Não sou uma grande fã de TV, mas perceber que ele gostava de ter um programa que gostávamos e assistíamos juntos fez com que assistir TV com ele fosse diferente. Comecei a perceber que em vez de assistir o que queria, Rick encontraria algo que nós dois quiséssemos assistir e não assistiria aquele programa se eu não estivesse com ele. Começamos a nos aconchegar mais no sofá enquanto assistíamos, em vez de um de nós estar ao telefone. Houve uma mudança sutil, mas reconhecer que assistir a um programa juntos era um Momento especial para nós tornou tudo ainda mais especial.

Um item que estava em ambas as listas era uma noite de encontro. Em vez de compartilhar nossas ideias para uma noite de encontro, nós dois nos comprometemos a priorizá-las, reservando um tempo para uma noite de encontro a cada duas semanas. E decidimos nos revezar no planejamento. Não precisa ser nada grande ou extravagante, mas aproveitamos para escolher a atividade e contratar a babá. Isso foi importante para mim, porque eu sentia que era sempre eu quem contratava a babá ou planejava a noite de encontro. A primeira vez que Rick me ligou e disse que tinha uma babá e que iríamos jantar, foi como se estivéssemos namorando de novo.

LIMITE O TEMPO DE TELA

Ao perguntarem "Qual é a sua principal prioridade?", você pode responder: "Minha família ou meu parceiro". No entanto, se você prestar atenção em como passa a maior parte do tempo fora do trabalho, irá perceber, como muitas pessoas, que você está na frente de uma tela. Pense nisso.

Hoje em dia é difícil encontrar alguém que não tenha algum nível de dependência de uma ou várias telas. Tornou-se aceitável. Considere seus próprios hábitos. Quão difícil seria para você abrir mão de todo o tempo de tela (TV, celulares, iPods, iPads, computadores, videogames) por uma semana? Sua resposta lhe dará a extensão do seu vício.

 **Diário reflexivo**

- Descreva seus hábitos de tempo de tela. Quanto tempo está envolvido? Quando você passa tempo diante de telas? Como você se sente sobre isso?
- Compartilhe suas reflexões por escrito com seu parceiro. Pensem juntos em soluções. Inclua uma lista de coisas que você gostaria de fazer em vez de ficar preso na tela.
- Escolha as soluções e atividades com as quais ambos concordem.
- Deem apoio um ao outro durante esse difícil período de transição para diminuir o tempo de tela.

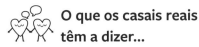 **O que os casais reais têm a dizer...**

Nadine e Bernard (Paris, França): Passamos cerca de duas horas por dia (sem contar as horas de trabalho) diante de telas. Bernard se sente culpado por não ter tempo para ler livros. Eu me sinto desconfortável porque peço muito às crianças que limitem o tempo de tela.

Achamos que seria simplesmente impossível interromper o tempo de tela por uma semana e não gostaríamos de fazer isso! Precisamos de telas para o nosso trabalho e as usamos muito em nossas vidas como uma ferramenta. Foi assim que conhecemos a Disciplina Positiva... no Facebook! Somos muito viciados!

Cada um de nós fica irritado quando nosso parceiro está em um dispositivo eletrônico, embora não nos incomode, individualmente, estar nele. Perceber isso nos fez rir! Nós nos divertimos muito! Em uma escala de um a dez, sentimos que interfere no nível sete.

Decidimos não utilizar telas na cama. Uau, que surpresa! Temos muito tempo para nos comunicar sobre pequenas coisas em nossas vidas. Sentimos que uma nova conexão aconteceu entre nós. Ainda bem que temos reuniões de casal para que possamos rever como está o nosso compromisso.

♥

Bart (Sydney, Austrália): Penny e eu tivemos um momento de silêncio esta tarde e sugeri que utilizássemos uma das ferramentas. Olhamos a lista e a carta Limite o tempo de tela pulou na frente de Penny! Eu estava secretamente esperando pela carta do Flerte.

Como prelúdio, quando comecei a trabalhar nisso, Penny estava ocupada arrumando a sala e querendo colocar louças na máquina de lavar louça. Eu disse: "Querida, isso deveria ser um exercício de casal", ao que ela respondeu: "Posso fazer as duas coisas, não posso?". Nós dois rimos daquele traço feminino absurdo de querer realizar várias tarefas ao mesmo tempo em todas as oportunidades!

De qualquer forma, após o exercício, nós dois refletimos sobre como ter uma ferramenta para trabalhar de fato tornou o que em geral é uma dificuldade importante para nós, surpreendentemente mais fácil de trabalhar. Curiosamente, Penny quer mais tempo de tela (hoje ela usa uma hora por dia, em comparação com as minhas quatro a cinco horas), mas não à custa das crianças, por isso ela utilizará algumas horas pela manhã, quando o nosso filho mais novo for para a escola. É claro que preciso diminuir o ritmo e sei o quão hipócrita é da minha parte esperar que meus filhos estejam atentos ao tempo de tela enquanto muitas vezes estou "verificando e-mails" no *laptop*. Quero especialmente resistir ao desejo/vício de verificar meus e-mails a cada cinco minutos. Pareço tão desesperado para saber o que as pessoas pensam de mim! Algo para pensar. Por último, é claro, e você não deve me julgar com muita severidade, mas o estímulo de Penny para me impedir de ver muita TV à noite é o velho clichê do sexo. O horário limite oficial foi definido às 21h. Eu sei quem vai ganhar essa briga!

♥

Mónica (Lima, Peru): Uma das atividades que mais fazíamos era ver televisão juntos. Depois de praticar essa ferramenta, fizemos algumas coisas diferentes. Ouvimos música, conversamos sobre o dia e até brincamos mais com nosso cachorro, entre outras coisas. Ambos concordamos que, embora amemos ver TV juntos, há outras coisas que também gostamos e que podemos incorporar em nosso relacionamento.

♥

Gail (Nova York): Os celulares nos deram uma conexão ilimitada e constante uns com os outros. Rick e eu discutimos a ferramenta e assumimos o compromisso de não deixar nossos celulares na mesa de jantar (para nosso benefício e dos filhos). Comprometemo-nos a deixar nossos telefones na cozinha quando nos sentamos para assistir a um filme ou programa juntos, o que resultou em mais abraços e uma sensação de proximidade.

E comprometemo-nos a deixar os nossos celulares na cozinha enquanto dormimos tanto para o benefício do nosso sono como para garantir que os nossos celulares não recebam o nosso primeiro bom-dia quando acordamos.

Um dia, eu estava fazendo algumas tarefas e fui mandar uma mensagem para Rick sobre algo que havia acontecido e um pensamento me ocorreu: e se eu não mandasse uma mensagem para ele agora? E se eu guardasse todas as coisas que enviaria para ele por mensagem durante o dia para nossa conversa à noite? Decidi fazer exatamente isso e é bom ter esse tempo de reconexão juntos enquanto discutimos o que aconteceu ao longo do dia. E quanto mais conversamos à noite, menos tempo passamos em frente à TV ou no celular.

5
Removendo barreiras

VOCÊ JÁ SE SENTIU COMO se estivesse falando com uma parede? Suas tentativas de se conectar não são compreendidas ou são ignoradas?

Se você sente que há algo desconectado na comunicação entre você e seu parceiro, pode haver uma razão para isso. No entanto, talvez não seja apenas o outro que esteja erguendo essa barreira. Geralmente, quando há uma parede, existem duas: a sua e a do seu parceiro.

Jack era uma pessoa *matinal*; ele adorava acordar ao amanhecer, cheio de energia e pronto para aproveitar o dia. Todas as manhãs, pulava da cama e cantava alto no chuveiro, esperando que Julie acordasse. Ao notar que ela ainda estava na cama, com as cobertas puxadas até a cabeça, ele fazia barulho enquanto calçava seu tênis, pensando: "Se realmente me amasse, ela se levantaria e aproveitaria esse momento comigo".

Julie, totalmente irritada com o que via como *falta de consideração*, pensava: "Se ele realmente me amasse, saberia que eu detesto acordar cedo, ficaria quieto e me deixaria dormir".

Eles frequentemente discutiam suas diferenças, mas nenhum dos dois realmente *escutava* o outro, porque estavam mais interessados em mudar o outro do que em entendê-lo. Ambos sentiam como se estivessem falando com uma parede enquanto tentavam expor seus pontos de vista. O que não percebiam era que estavam enfrentando duas barreiras – a barreira da sua própria realidade e a da realidade do outro.

Adler apresentou o conceito de "lógica privada". O desenvolvimento da lógica privada começa na infância e é baseado nas decisões que você toma sobre si mesmo, sobre os outros e sobre o mundo. Essas decisões criam a lente através da qual você enxerga o mundo.

Todos nós temos nossa própria lógica privada; isso faz parte de ser humano. Explorar sua lógica privada e criar consciência sobre a forma como você filtra suas experiências no mundo pode ajudar a determinar se ela está te servindo ou te limitando. Quando sua lógica privada cria uma barreira que compromete sua conexão com seu parceiro, ela não está te servindo.

O que queremos dizer com barreira, e o que nos impede de superá-la? O Dr. John Gottman descobriu (após mais de 20 anos de pesquisa científica) que a maioria dos casais que eventualmente se divorciam caem no que ele chama de **Os quatro cavaleiros do apocalipse**:[*]

- *Crítica*: ataques ao caráter do outro em vez de se concentrar especificamente no que você não gosta em uma situação. (Você sempre...)

---

[*] Conceito publicado no livro de John Gottman: *Sete Princípios para o Casamento Dar Certo.*

- *Desprezo*: sarcasmo, revirar os olhos, xingamentos, zombarias, humor hostil.
- *Defensividade*: indignação autojustificada ou bancar a vítima inocente para se proteger de um ataque percebido. (O problema não sou eu, é você.)
- *Bloqueio emocional*: retirar-se da interação, seja de emocional ou fisicamente.

Qualquer um, ou todos, desses *cavaleiros* invalidam a comunicação amorosa e respeitosa. É provável que você possa reconhecer um, ou mais de um, estilo de comunicação que se encaixa no seu relacionamento (e, sim, até mesmo o bloqueio emocional é uma forma não verbal de comunicação). Sugerimos que você faça uma cópia desses cavaleiros e cole-os onde você possa ser lembrado do que evitar.

As ferramentas deste capítulo irão ajudá-lo identificar as barreiras que podem existir entre você e o seu parceiro, maneiras de superá-las e hábitos que podem ajudar vocês dois a construir uma prática duradoura de comunicação amorosa. Primeiro, você aprenderá sobre a ferramenta Saiba escutar. Com que frequência você realmente escuta, em vez de interromper, se preparar para se defender ou focar em resolver o problema em vez de validar os sentimentos? Você consegue ouvir além das palavras do outro para entender o que ele realmente quer dizer e como de fato se sente? Você aprenderá sobre Compreenda o Cérebro, Pausa Positiva e Agir *versus* Reagir. É importante saber quando o cérebro precisa de uma Pausa Positiva para poder estar receptivo à comunicação novamente. Todos nós agimos melhor quando nos sentimos bem.

Encorajamos você a praticar as ferramentas deste capítulo com seu parceiro — ou sozinho, se ele ainda não estiver disposto. Pequenos passos de um ou de ambos podem começar a derrubar as barreiras que interrompem a conexão de vocês.

SAIBA ESCUTAR

As pessoas escutam *depois* que se sentem ouvidas.

"Seja sensata, Eva... não temos como dar uma grande festa de casamento..."

Dê uma olhada na ilustração da carta. O que impede você de ouvir? Você interrompe para se defender, explicar ou tentar ajudar com conselhos? Será que a correria do dia a dia fez você esquecer o quanto prestava atenção em cada palavra do seu parceiro no início do relacionamento? Em vez de tentar convencê-la a ser *sensata*, Adão poderia validar os sentimentos de Eva. O que aconteceria se você ouvisse com o coração, além dos ouvidos?

Diário reflexivo

- Com que frequência você interrompe para se defender, explicar ou dar conselhos? Escreva sobre um momento em que tenha feito isso.
- Perguntas podem ajudar a aprofundar a conversa: "Tem mais alguma coisa?" ou "Pode me dar um exemplo?" Que outras perguntas você poderia fazer?
- Experimente repetir o que entendeu e pergunte se compreendeu corretamente. Ou simplesmente valide os sentimentos do seu parceiro.
- Como as situações que você escreveu poderiam ter terminado de forma diferente se realmente tivesse escutado, seguindo as sugestões do item #2?
- Comprometa-se a ouvir seu parceiro. Muitas vezes, apenas sentir-se ouvido já resolve o problema. Se não, coloque o tema na pauta da reunião de casal para discutir melhor (ver Reuniões de casal).

**O que casais reais
têm a dizer...**

Becky (Califórnia): Essa é uma das ferramentas mais importantes do livro. Acredito que a maioria dos problemas poderia ser resolvida ou até evitada se usássemos essa habilidade. Quando Frank está bravo ou frustrado, eu só preciso deixá-lo ter esses sentimentos. Não devo tentar consertar.

Antes de praticar essa ferramenta, costumávamos nos interromper quando conversávamos. Além disso, percebi que tenho dificuldade em lidar com a raiva ou frustração dos outros – sempre sinto a necessidade de resolver o problema deles.

Responder à primeira pergunta foi muito útil para enxergarmos como interrompemos com defesas, explicações ou conselhos (muitas vezes). Tivemos uma boa conversa sobre isso. Essa prática me ajudou a perceber que, muitas vezes, eu levo para o lado pessoal algo que não tem nada a ver comigo. Aplicar as sugestões do item 3 me fez lembrar que o que meu marido está dizendo é sobre ele, não sobre mim.

Também percebi que, antes, eu não parava para ouvir de verdade e apenas presumia que sabia o que Frank iria dizer. Não surpreende que as conversas, às vezes, viravam discussões! Praticar essa ferramenta me ajudou a realmente ouvir mais em vez de presumir. Agora, nossas conversas fluem melhor e não se tornam brigas (por causa das premissas errôneas).

Tom e Carol (Nova York): Ambos concordam que ouvir é uma das habilidades mais importantes para uma comunicação saudável e produtiva em qualquer relacionamento. Também reconhecem que, em algumas situações, as reações ocorrem com base em experiências passadas, sem realmente ouvir o outro.

Tom: Sei que sou naturalmente um solucionador de problemas, mas minha parceira às vezes só precisa ser ouvida e sentir que está sendo ouvida. Ontem à noite, liguei para a Carol na França, onde ela está cuidando do pai idoso e da madrasta. Ela lida com desafios burocráticos e questões de saúde e, no início, disse que estava muito cansada para conversar.

Como havia me comprometido a ouvir antes de tentar "resolver", apenas escutei e deixei que ela desabafasse sobre suas frustrações e decepções com os cuidados dos pais. Quando finalmente respondi, apenas ofereci minha empatia e compreensão sobre a dificuldade da situação. Não dei conselhos e lembrei-a que estava do lado dela. Por fim, ao dizer boa noite, ela me agradeceu por ter ligado e por ter sido tão compreensivo.

Carol: Trabalhar com essa ferramenta me ajudou a perceber como sou rápida em me justificar ou me defender, mesmo quando isso não é necessário. Quanto mais pratico o estar presente enquanto escuto atentamente o Tom, mais percebo o quanto ele me ama e se preocupa comigo. Ele só quer ajudar. Ao usar essa ferramenta, comecei a fazer mais "Perguntas curiosas" em vez de me explicar ou me defender. Nós dois concordamos que, muitas vezes, ouvir é a melhor forma de agir.

♥

Gail (Nova York): Escutar, às vezes, significa ir além das palavras ditas. Não é apenas ouvir passivamente, é um processo ativo. Essa ferramenta me deu uma nova perspectiva sobre meu papel no relacionamento com meu marido. Agora, vejo que minha responsabilidade não é apenas ouvir o que meu marido diz, mas buscar entender o que realmente quer dizer – e, às vezes, o que ele precisa. No passado, eu sentia que Tom estava chateado, ou sabia que ele estava chateado porque me parecia bravo ou frustrado. Em vez de tentar olhar abaixo do cerne da questão, eu reagia ao seu comportamento, respondia às suas palavras, ou tentava abordar o desafio no momento. Ao escrever sobre essa ferramenta, percebi que faço isso porque me sinto desconfortável com conflitos não resolvidos. Mas ao tentar consertar as coisas no calor do momento, muitas vezes acabo gerando mais conflito do que solução.

Depois de praticar a escuta ativa, aprendi que o que meu marido mais precisa quando está chateado é espaço e tempo. Às vezes, ele ainda está processando seus sentimentos e só precisa que eu o escute. Quando consigo conter minha tendência de intervir e simplesmente o deixo expressar suas emoções, permito que ele compreenda seus sentimentos e, ao mesmo tempo, me dou a chance de evitar desculpas ou reações defensivas. O resultado é que conseguimos nos conectar quando ambos estamos prontos. Nem sempre é fácil, mas essa consciência tem feito toda a diferença!

PERGUNTAS CURIOSAS

"Agora que você pode ficar em pé... leve o lixo para fora..."

Dar ordens (ou até dar conselhos) gera resistência. Perceba a fisiologia do que acontece quando você recebe uma ordem, ou até um conselho bem-intencionado. Seu corpo se tensiona? Você percebe como fica com vontade de resistir?

Agora, repare o que acontece no seu corpo quando alguém faz uma pergunta de maneira respeitosa. Você se sente mais respeitado? Percebe que se sente mais inclinado a procurar uma resposta? Sente-se mais disposto a colaborar? Perguntas que vêm de um lugar genuíno de respeito e curiosidade enviam uma mensagem ao cérebro para buscar uma resposta e estimulam a cooperação. Todo mundo fica mais disposto a ouvir depois de se sentir ouvido.

 Diário reflexivo

Faça uma lista das coisas que você costuma mandar seu parceiro fazer e transforme cada "ordem" em uma pergunta genuína. Exemplos: "Quanto tempo você precisa para ficar pronto?" "O que seria mais útil para você agora?", "Qual horário funciona melhor para você concluir essa tarefa?", "O que está na sua lista para garantir que temos tudo o que precisamos para a viagem?", "Que ideias você tem para nos ajudar a manter dentro do nosso orçamento?".

Sempre que sentir vontade de "mandar", pense, em vez disso, em qual pergunta poderia fazer. (Lembre-se: essa ferramenta só funciona se você realmente estiver curioso!)

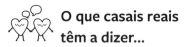 **O que casais reais têm a dizer...**

Tricia (Paris, França): Hank e eu demos boas risadas quando lemos a carta pela primeira vez! Eu estava lendo as instruções em voz alta pensando: "Isso vai ser muito mais difícil para ele, já que eu não dou tantas ordens quanto Hank!". Foi então que nosso filho de oito anos nos chamou, pedindo para um de nós ir colocá-lo na cama. Eu me virei para Hank e disse: "Vou colocá-lo na cama enquanto você termina de limpar a cozinha!".

Hank me olhou com um sorriso irônico e perguntou: "E você consideraria o que acabou de dizer como uma *ordem* ou um *pedido*?".

Essa carta nos surpreendeu. A princípio, parecia algo simples, mas logo percebemos que *mandávamos* muito mais do que imaginávamos (especialmente eu, ao usar "Precisamos..." para dizer ao meu marido o que eu esperava que ele fizesse, o que o fazia sentir-se sem importância e sendo mandado!).

O exercício nos ajudou a perceber como a forma como nos comunicamos no dia a dia pode gerar sentimentos de ressentimento, raiva e falta de compreensão. Fazer perguntas nos ajudou a transformar tais sentimentos indesejados em respeito, cooperação e muitas risadas quando erramos!

Aprendemos muito com o Diário reflexivo. Reservar um tempo para escrever nos ajudou a desacelerar e pensar, ver as coisas por outra perspectiva e dar atenção a questões que antes considerávamos pequenas.

Percebi que uso muito "Precisamos..." e que Hank interpreta isso como uma *ordem*. Em vez disso, fazer perguntas gera sentimentos muito melhores para nós dois. Eu me sinto mais cooperativa e ele se sente mais respeitado.

Muitas vezes deixamos pequenas questões sem resolver, mesmo que aconteçam diariamente e gerem irritação, frustração ou a sensação de não sermos valorizados. Descobrimos que, ao substituir ordens por perguntas, essas emoções negativas podem ser trocadas por respeito, consideração e cooperação.

Tomar consciência disso na prática foi muito útil para nós dois. Mudar a forma como comunicamos nossas necessidades realmente torna a vida mais leve. *Mandamos* mais do que imaginamos! E percebemos que não é algo que reservamos só para nossos filhos. Simplesmente não temos consciência disso. O mais curioso é que, quando recebemos uma ordem, sentimos algo desagradável, mas nem sempre identificamos de onde vem. Ouvir a lista um do outro foi divertido e revelador. Aprendemos muito ao tentar adivinhar o que o outro estava pensando, sentindo e decidindo. Vamos tentar fazer isso mais vezes. Compartilhar nossas percepções também foi interessante, porque nem sempre acertamos! No final, nos sentimos mais vistos e compreendidos. Usar essa ferramenta, por mais simples que pareça, foi muito empoderador para nós.

♥

Mónica (Lima, Peru): Lembro de uma vez em que brigamos por causa do nosso planejamento financeiro. Eu dizia coisas como: "Vamos fazer isso...", "Faça aquilo...", "Se você tivesse feito...". Recentemente, discutimos nosso orçamento e eu fiz perguntas, seguindo as sugestões da carta/ferramenta: "Que ideias você tem para nos ajudar a manter um bom planejamento financeiro?". A conversa foi muito mais enriquecedora. Meu marido me disse que, dessa forma, um canal de comunicação se abriu, em vez de virar uma situação em que ele se sentia atacado com as minhas famosas frases de "ordens". Percebemos que, ao fazer perguntas respeitosas, nossas opiniões são consideradas. Sem dúvida, essa foi uma das ferramentas que mais ajudou nosso relacionamento a fluir melhor.

Tom (Nova York): Após compreendermos o valor dessa ferramenta, passou a ser divertido praticá-la em situações nas quais antes simplesmente dávamos ordens ou dizíamos "Você deveria...", o que inevitavelmente gerava sentimentos negativos. Aqui está um exemplo de como aplicamos as perguntas curiosas de um jeito que trouxe mais alegria e menos estresse:

Minha esposa tem um grande compromisso com a pontualidade no trabalho e com os clientes, mas, nos fins de semana, às vezes, tem dificuldade para sair no horário combinado. Antes de usarmos essa ferramenta, eu costumava dizer algo como: "Quero sair às 10h". Então, quando dava 10 horas, eu já estava irritado e pensava: "Por que ela nunca consegue ser pontual para mim?".

Então, comecei a perguntar: "Amor, que horas você gostaria de sair amanhã para chegarmos à casa da sua mãe às 11h30?" ou "Tem algo que eu possa fazer a ajudá-la a se preparar para sair?".

É impressionante como isso faz diferença para manter intactos nosso senso de parceria e conexão!

COMPREENDA O CÉREBRO

A comunicação amorosa não pode acontecer quando estamos chateados.

"Eu acho isso muito reconfortante."

Muitas vezes, julgamos a nós mesmos ou aos outros pelo modo como nos comportamos quando estamos chateados ou com raiva. É importante saber (e lembrar) que, quando estamos abalados, não conseguimos acessar a parte racional do nosso cérebro. Como resultado, reagimos com emoção em vez de agir com razão. É fácil esquecer o quanto somos diferentes quando estamos utilizando nosso lado racional. Em sua demonstração sobre esse fenômeno, o Dr. Daniel Siegel explica o que a neurociência já comprovou: quando estamos chateados, os neurônios do córtex pré-frontal (a parte racional do cérebro) se desconectam, como se "surtássemos", e passamos a reagir a partir do sistema límbico. Isso torna a conversa racional, a capacidade de argumentação e a avaliação das consequências muito difíceis ou até impossíveis. Muitas vezes, o instinto de luta, fuga ou paralisação entra em ação. (Sugerimos que pesquise na internet sobre a demonstração desse mecanismo [*flipped lid* em inglês] do Dr. Daniel Siegel.)

Quando temos consciência desse fenômeno, podemos usar ferramentas para nos acalmar e nos reconectar, permitindo responder de forma racional (e até amorosa), em vez de reagir de maneira irracional. A Pausa positiva é uma ferramenta eficaz para ajudar a acalmar a mente, permitindo que você aja conscientemente a partir do coração, em vez de reagir de forma automática a partir do cérebro emocional.

 Diário reflexivo

- Esteja atento: perceba os momentos em que você "surtou". Consegue identificar o que acontece no seu corpo? Talvez suas mãos se fechem ou seu rosto fique quente. Reconhecer os sinais fisiológicos desse estado pode servir como um alerta para o futuro.
- Faça um plano: o que você pode fazer para se acalmar quando isso se repetir? Ter uma lista de opções que funcionam para você previamente definidas pode ser útil. Lembre-se de que é difícil resolver problemas quando você está nesse estado.
- Sinais: que sinais ou códigos você e seu parceiro podem usar para avisar um ao outro quando estiverem nesse estado e precisarem de um tempo e espaço para se acalmar? Conversem sobre isso.
- Comunique-se: é essencial conversar sobre a situação depois que ambos estiverem mais calmos. Esse é o momento ideal para usar outras ferramentas de comunicação eficaz, como a Escuta ativa e as Reuniões de casal semanais.

O que casais reais têm a dizer...

Becky e Frank (Califórnia): Becky costumava "surtar", e Frank se retirava para seu "esconderijo" (sua garagem). Já conhecíamos esse conceito de uma aula anterior de Disciplina Positiva. Isso fez uma diferença muito proveitosa na nossa vida familiar, mas nunca pensamos em aplicá-lo no nosso casamento. Foi um ótimo lembrete da importância de cuidarmos de nós mesmos para não chegarmos ao ponto de perder o controle. Eu adoro o acrônimo HALT** (*Hungry, Angry, Lonely, Tired* – Fome, Raiva, Solidão, Cansaço), pois me ajuda a lembrar de praticar mais autocuidado quando percebo que dois ou mais desses fatores estão presentes ao mesmo tempo.

Mónica (Lima, Peru): Recentemente, tive uma discussão acalorada com meu marido. Ele me disse que ia para a cama. Eu aceitei sua decisão, entendendo que aquele não era o momento certo para buscar soluções, pois ele não se sentia em condições de pensar racionalmente. Cerca de três horas depois, ele me mandou uma mensagem dizendo que estava mais calmo e que poderíamos ficar juntos se deixássemos o assunto de lado por um tempo. No dia seguinte,

---

** N. T.: HALT significa "Pare" e é um acrônimo para "*Hungry, Angry, Lonely, Tired*" (Fome, Raiva, Solidão, Cansaço). É uma ferramenta para ajudar as pessoas a identificar e lidar com estressores comuns. É frequentemente usada na recuperação de vícios. Como usar o *HALT*: diga "Pare" para si mesmo quando estiver se sentindo estressado; pergunte a si se está sentindo fome, raiva, solidão ou cansaço; tire um momento para processar e refletir; tome medidas para atender às suas necessidades.

ambos estávamos em um estado emocional melhor para dialogar, analisar a situação com mais objetividade e buscar soluções.

Ter esse conhecimento sobre o funcionamento do cérebro nos ajudou a identificar quando estamos em condições de discutir questões desafiadoras. Isso nos permite agir de forma mais consciente e evitar ferir um ao outro nesses momentos. Podemos respeitar os acordos prévios, ao mesmo tempo que aceitamos que, às vezes, o melhor a fazer é dar um tempo e nos afastarmos da situação até estarmos prontos para conversar e encontrar soluções juntos.

Tom e Carol (Nova York): Essa ferramenta nos ajudou a compreender o que acontece quando deixamos nossas emoções assumirem o controle e reagimos impulsivamente. Conversamos sobre isso em uma de nossas reuniões de casal e decidimos adotar um sinal com a mão: abrimos quatro dedos enquanto o polegar permanece sobre a palma da mão, para sinalizar quando percebemos que um de nós, ou ambos, está entrando no estado de "perda do controle". Esse sinal tem nos ajudado a nos recuperar rapidamente e a retornar ao foco para encontrar soluções.

Tom: Desde que comecei a usar essa ferramenta, percebi que consigo me controlar com mais facilidade e rapidez antes de reagir impulsivamente. Notamos que precisamos sinalizar cada vez menos.

PAUSA POSITIVA

Você age melhor quando se sente melhor.

"Meu marido e eu vivemos em coexistência pacífica...
ele mora do outro lado do país."

Quando você entende o que acontece no cérebro, percebe a importância de ter e utilizar métodos de autorregulação durante momentos de conflito – embora morar em lados opostos do país, como no exemplo da ilustração da carta, seja um pouco exagerado. A Pausa positiva ajuda a criar um espaço respeitoso para que você se acalme e esteja pronto para se conectar e se comunicar de maneira eficaz. Crianças não são as únicas que AGEM melhor quando se SENTEM melhor (quando acessam a parte racional do cérebro).

É importante destacar que a Pausa positiva é PARA VOCÊ, não CONTRA seu parceiro. Ficar em silêncio até se sentir melhor é muito diferente de se afastar apenas para punir ou fazer o outro se sentir culpado.

Diário reflexivo

- Lembre-se de alguma vez em que um conflito entre você e seu parceiro ficou mais intenso. O que poderia ter acontecido se um de vocês ou ambos tivessem feito uma pausa positiva para se acalmar? Reescreva o final como se isso tivesse ocorrido.
- Crie um plano para a sua própria pausa positiva, algo que te acalme. Pode ser um lugar ou um método. Por exemplo: sentar-se na sua sala favorita, dar uma caminhada, ler um livro, fazer jardinagem, cozinhar ou meditar. Você pode se inspirar no seu registro escrito da ferramenta Compreenda o cérebro.
- Compartilhem seus planos de pausa positiva um com o outro, destacando que essa pausa é *para você*, e não *contra* o seu parceiro.
- Revise este registro do Diário reflexo na próxima vez em que tiver a oportunidade de fazer uma pausa positiva. O que aconteceu? Foi diferente de alguma forma? Quais ferramentas você usou para lidar com o conflito depois de estar mais calmo?

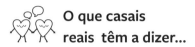 **O que casais reais têm a dizer...**

Daniella (Guayaquil, Equador): Criar meu espaço pessoal, onde posso fazer uma pausa sem culpa, tem me ajudado muito a realmente PARAR. Antes de praticar essa ferramenta, eu respirava três vezes, mas ficava no meio do conflito, então nunca obtinha os resultados que eu queria. Desde que pedi minha pausa positiva, meu marido realmente entende isso e consegue esperar alguns minutos (ou mais) até estarmos prontos para encontrar uma solução.

Kate e John (Sacramento, Califórnia): Ambos reconhecemos que quando perdemos a calma ou ficamos nervosos, dizemos coisas que não queremos dizer. Já chegamos a mencionar a palavra "D" (divórcio).

Durante um momento calmo, tivemos uma ideia que resolveria dois problemas ao mesmo tempo. Concordamos que não passeamos o suficiente com nossos três cães.

John: Sei que eles precisam de passeios, mas é muito difícil passear com todos ao mesmo tempo porque as coleiras se embolam e fica muito estressante.

Kate: Eu gostaria de passear com o John, porque pelo menos poderíamos conversar e passar um tempo de qualidade juntos.

Concordamos que, da próxima vez que ficássemos chateados um com o outro, levaríamos um cachorro de cada vez para passear no quarteirão. O primeiro passeio seria sem palavras, apenas para esfriar a cabeça. O passeio com o segundo cachorro seria com a gente de mãos dadas e ainda sem falar. Para o passeio com o terceiro cachorro, daríamos várias voltas no quarteirão até conseguirmos focar a solução e resolver o problema de forma calma. Ambos adoramos a ideia. Reconhecemos que, ao passear pelo nosso bairro para resolver o problema, seríamos forçados a manter a calma e falar baixo, para que os vizinhos não nos ouvissem brigando. Essa ferramenta nos ensina que, quando nos sentimos melhor, agimos muito melhor; e nos lembra de praticar a conexão antes da correção.

Kate: Na verdade, estou até ansiosa pela nossa próxima briga. Não só a Pausa positiva nos poupa de dizer coisas que machucam um ao outro, mas também traz o bônus de passarmos tempo de qualidade juntos fazendo coisas que amamos.

♥

Jessica (Utah): Eu costumava ficar brava e dar o tratamento do silêncio para o meu marido. Ele sentia minha energia de raiva, mas sabia que só pioraria as coisas se tentasse conversar comigo nesse momento.

Após aprender sobre o cérebro e a importância de fazer uma pausa positiva até me sentir melhor, eu ainda ficava em silêncio – sentada quieta. Deixava claro para ele que meu silêncio era "para mim", não "contra ele". Meu marido disse que minha energia parecia pacífica em vez de raivosa.

Quando me senti melhor, pude assumir a responsabilidade pela minha parte no que me fez ficar com raiva, em vez de culpar meu marido. Ele então se sentiu motivado a seguir meu exemplo e assumir a responsabilidade pela parte dele. Depois, ambos conseguimos rir e focar em uma solução que fosse boa para os dois.

AGIR *VERSUS* REAGIR

Reagir parece algo instintivo. Agir exige consciência e autocontrole.

"Bem, tudo começou com uma troca de opiniões franca e aberta..."

A menos que você seja um santo, é provável que reaja de vez em quando. Se seu parceiro está com raiva, você pode reagir com raiva. Se ele for cruel, você pode reagir com vingança. Quando você se torna consciente das suas reações, pode optar por agir em vez de reagir. Quando escolhe *responder de maneira racional*, em vez de simplesmente *reagir*, você se sentirá melhor quase instantaneamente.

Agir vem do seu cérebro racional e do seu coração. Reagir é uma resposta do sistema límbico (como discutido na ferramenta Compreenda o cérebro). Responder com uma ação amorosa, em vez de uma reação, é uma parte fundamental para manter a alegria no relacionamento.

Em um programa "*Oprah Super Soul Sunday*", Deepak Chopra compartilhou que ele não *reage* há mais de 40 anos. Ele conseguiu parar de reagir quando começou a observar seu desejo de reagir e escolheu não fazê-lo. Pode não ser tão fácil para a maioria de nós, mas é um objetivo inspirador.

Diário reflexivo

- Escreva sobre um momento em que você reagiu. O que aconteceu?
- Reescreva o cenário e, em vez de reagir, escolha agir. O que você fez de diferente? Qual foi o resultado?
- Existem conflitos que são mais propensos a provocar uma reação de sua parte? Escreva-os e crie um plano para agir em vez de reagir no futuro. Planejar com antecedência pode te preparar para agir de forma intencional.
- Lembre-se de ter compaixão por si e por seu parceiro. Essas ferramentas exigem prática.

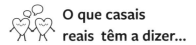 ## O que casais reais têm a dizer...

Thierry (Bordeaux, França): Eu estava trabalhando no computador sobre a mesa de jantar e a Claude estava lendo o jornal. Ela começou a me falar sobre um artigo que estava lendo. Eu estava concentrado no trabalho do livro que estava escrevendo. No passado, eu teria ficado irritado com minha esposa por ela ser insensível e interromper minha concentração. Dessa vez, eu parei por um momento para lembrar que eu tinha escolhido trabalhar na mesa em vez de ir para o meu escritório. Em vez de reagir com irritação, consegui apreciar minha esposa por querer compartilhar algo interessante para ela e escolhi agir pausando meu trabalho e ouvindo o que tinha a dizer.

Compreender os princípios dessa ferramenta realmente ajudou a eliminar 98% dos conflitos no nosso relacionamento. Ambos sabemos que, quando sentimos o impulso de reagir, isso geralmente está ligado a uma conexão subconsciente com algum evento do passado. Como temos praticado e usado as ferramentas do baralho *Disciplina Positiva para casais*, como Escuta ativa e as Perguntas curiosas, temos maior consciência e mais opções para agir de maneiras que apoiem nosso relacionamento de forma positiva. Está ficando mais fácil perceber um antigo impulso "reativo" e implementar uma ferramenta de "ação" positiva, o que sempre resulta em menos estresse e mais alegria!

♥

Julie e Jeff (Califórnia): Era a vez do Jeff de vestir, alimentar e mandar o Jon, de três anos, e o Jacob, de cinco, para a escola em uma manhã. A Julie tinha um compromisso de manhã e estava ansiosa para tomar uma xícara de café tranquila a caminho da reunião. No entanto, Jeff ligou no meio do seu intervalo do café e estava extremamente chateado. Ele estava gritando e dizendo como estava difícil fazer as crianças cooperarem, e se perguntando por que tinha tido filhos.

Julie ficou extremamente irritada, decidiu cancelar a reunião e correr para casa a fim de ajudar Jeff. Enquanto dirigia para casa, ela estava cheia de ressentimento, pensando por que sempre tinha que ser ela a cuidar de tudo, e por que ela havia se casado. Depois de desabafar por alguns minutos, Julie percebeu que estava com raiva de Jeff por não controlar seu comportamento, enquanto ela não estava controlando o dela.

Julie colocou a mão no coração e começou a sentir compaixão por Jeff. Pensou em quanto ele amava os filhos. Lembrou-se de que ele geralmente é um dos melhores pais que ela conhece. Pensou em toda a pressão que Jeff tinha enfrentado nos últimos dias. Sabia que ele não queria dizer nada daquilo e lembrou-se de quanto o amava.

Quando chegou em casa, deu um abraço em Jeff e disse: "Sinto muito por todo o estresse que você está passando. Como posso ajudá-lo?".

Jeff ainda estava em seu momento de desabafo, então Julie levou as crianças para fora de modo a dar um tempo a Jeff.

Não demorou muito para que Jeff se acalmasse e expressasse sua gratidão pela compreensão e amor de Julie. Juntos, decidiram deixar as crianças faltarem à escola naquele dia para terem um dia em família. Isso era exatamente o que todos precisavam para reduzir o estresse e nutrir o amor entre eles.

6
Garanta que a mensagem de amor chegue

"Seus olhos brilham quando eles entram na sala?"
— Maya Angelou

COMO DISSE MAYA ANGELOU: "As pessoas podem esquecer o que você disse. As pessoas podem esquecer o que você fez. Mas as pessoas nunca esquecerão como você fez elas se sentirem".

Seu coração está inspirando suas palavras e ações? Que mensagens você envia quando fala? Como são o seu tom de voz, a linguagem corporal e as expressões faciais? A mensagem de amor está chegando ao outro? Neste capítulo você explorará a comunicação não verbal com Sinais não verbais e o poder da proximidade e do contato visual com Olho no olho. Preste atenção ajuda você a se reconectar com o que ama em seu parceiro, enquanto Admiração e Apreciação ajudam você a comunicar esse amor. Pequenas coisas é um lembrete sobre como é fácil praticar ações amorosas. Essas ferramentas podem parecer pequenas, mas têm um impacto enorme. Nós encorajamos você a se divertir com elas.

SINAIS NÃO VERBAIS

Sinais não verbais podem falar mais alto que palavras.

"Pelo que vejo, eles já estavam vivendo juntos..."

Quais são as mensagens não verbais do casal na ilustração? Eles obviamente não consideram que a aparência física é importante no relacionamento deles! Eles se consideram *garantidos* e se vestem de maneira superconfortável, sem nenhum apelo romântico. Operam com base no princípio de que, depois de terem conquistado um ao outro, não há necessidade de fazer mais nenhum esforço. Eles não se importam nem mesmo em se apresentarem bem juntos em público. Você pode imaginar como é na casa deles?

Você está ciente de seus sinais não verbais? Mantenha o romance vivo criando sua própria linguagem de amor com sinais não verbais que podem falar mais alto que palavras e criar tradições divertidas.

 Diário reflexivo

- Pense em pelo menos um sinal não verbal (se possível mais que um) que transmita sua maneira especial de dizer "Eu te amo", sem palavras. Pode ser algo que você já faz ou algo que pode começar a fazer. Eles podem ser sinais abertos, como dar tapinhas no coração como uma forma silenciosa de dizer: "Eu te amo". Ou podem ser sinais sutis, como reservar um tempo para se vestir melhor quando sair com seu parceiro, para mostrar como o tempo que passam juntos é especial para você. Bilhetes de amor também contam como não verbais.
- Considere sinais não verbais que você também pode usar em momentos de conflito. Por exemplo, o sinal universal para um intervalo quando precisa de um tempo para se acalmar ou agitar um guardanapo branco em sinal de rendição até que você possa se comunicar com mais amorosidade. Pode ser útil combinar esses sinais antecipadamente com seu parceiro.
- Anotar com que frequência você usa sinais não verbais em seu diário reflexivo servirá como um lembrete gentil.

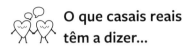 **O que casais reais têm a dizer...**

Mary e Gary (Nebraska): Achamos que essa ilustração da carta mostra falta de respeito um pelo outro. Estamos casados há muito tempo e ainda chegamos à mesa do café com os cabelos penteados (Mary pelo menos), no mínimo! Não há problema em relaxar de vez em quando, mas a aparência física é um forte indicador de como alguém se sente em relação a si e também em relação ao seu cônjuge.

Estar casado há 45 anos tem suas vantagens. Nossos padrões de conflito mudaram muito apenas por vivermos juntos e lidarmos com eles. E é principalmente quando ficamos *desleixados* ou *estressados* que percebemos que esses padrões de conflito aparecem novamente. MAS, há uma coisa com a qual concordamos – que isso é uma chatice e, por causa de nossos temperamentos e estilos de personalidade opostos, esses padrões de conflito acontecem regularmente!

Mary tende a querer fazer as coisas antes mesmo de dizer que precisamos fazê-las. Gary se sente confortável em concluí-las em tempo hábil. Mary trabalha em vários projetos ao mesmo tempo. Gary prefere trabalhar em uma coisa do início ao fim. Mary assume mais do que deveria (palavras dela!). Gary assume menos do que pode (palavras dele!).

Sinais não verbais que poderiam ajudar a lidar com o conflito:

Gary: tocar no relógio (sinaliza que não temos muito tempo para fazer algo); ou limpar a garganta como quem quer dizer "concentre-se".

Mary: sair da sala e ir até o computador e esperar que ele a acompanhe, pegar o livro/estudo que estamos promovendo e balançar no ar e depois começar a trabalhar nele; limpar a mesa de quaisquer outros projetos; elaborar uma lista de todas as coisas para fazer na semana e decidir quais eliminar.

Escolhemos fazer a lista porque achamos que isso nos ajudará a focar uma coisa de cada vez.

Outros sinais não verbais:

Isso é divertido. Percebemos que já fazemos várias coisas que queremos continuar fazendo. Uma coisa que Gary faz por Mary que mostra que ele se preocupa com ela e a ama é parar o carro ao estacionar em um local onde Mary não tenha que pisar no gelo.

Damos as mãos na igreja ou em quase qualquer lugar!

Piscamos um para o outro quando estamos em aula.

Desde que discutimos essa ferramenta, notamos que nossas expressões faciais se comunicam muito mesmo que não estejamos próximos e geralmente estamos corretos na interpretação (depois checamos).

Na semana passada, Mary queria ir embora de uma festa. Mary pegou Gary olhando para ela e Mary apenas assentiu. Nós dois nos levantamos para ir embora!

Queremos observar mais algumas de nossas pistas não verbais e o que elas nos dizem... então registraremos isso por uma semana para ver o que mais descobrimos.

♥

OLHO NO OLHO

O contato visual traz intimidade à comunicação.

"Olha, não me culpe... A loja era tão convenientemente localizada..."

Você já percebeu como é desrespeitoso sentar no sofá e gritar com seu parceiro do outro lado da sala? Se a mulher dessa ilustração se sentasse e olhasse nos olhos do marido, ela poderia usar uma desculpa tão descaradamente ridícula? Qual é a sua desculpa para evitar o contato visual? O contato visual mostra respeito e aumenta a conexão. Também requer proximidade física. Você notará que fala com mais suavidade e amorosidade quando reserva um tempo para manter contato visual com seu parceiro.

Jane e Barry (agora na casa dos 80) estão apresentando uma audição muito diminuída. Gritar do outro lado da sala não é uma opção se quiserem ser ouvidos. Eles podem apreciar pelo menos um benefício da perda auditiva: como é bom SEMPRE reservar um tempo para olhar nos olhos um do outro antes de falar.

 **Diário reflexivo**

- Quantos segundos leva para parar o que está fazendo e chegar perto o suficiente para ver os olhos do seu parceiro?
- Durante um dia inteiro, comprometa-se a manter contato visual com seu parceiro sempre que falar com ele. Escreva sobre a experiência.

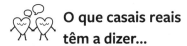 **O que casais reais têm a dizer...**

Tom e Carol (Nova York): Combinamos a ferramenta Olho no olho com a ferramenta Saiba escutar. Uau! De repente, estamos apreciando mais a profunda intimidade e conexão que tivemos nos primeiros dias de nosso relacionamento. Dica: experimentem praticar essa ferramenta enquanto tomam juntos um banho de banheira e vejam o que acontece.

Mónica (Lima, Peru): Normalmente, agradecemos um ao outro pelo que está acontecendo, mas agora fazemos isso com maior consciência. Agora estamos mais presentes, não só com palavras, mas com maior conexão. Olhamos nos olhos um do outro, o que realmente nos dá espaço para dizer mais do que "obrigado". Temos expressado com mais profundidade o que está acontecendo conosco.

Fazer isso tem sido muito bom para o nosso relacionamento porque percebemos que permanecemos juntos para além dos motivos pelos quais começamos a ficar juntos.

Anônimo (Suíça): Esta não é totalmente uma história de sucesso, mas sim um reconhecimento de que para mim é um desafio fazer isso de forma consistente. A ferramenta se relaciona comigo por vários motivos. Primeiro, lembro-me de quando prestei atenção em cada palavra de Karen e achei que tudo o que ela fazia era maravilhoso. Por muito tempo, até hoje, acho que MUITO do que ela faz é maravilhoso e que muito do que ela diz é valioso. Mas tinha a percepção de que Karen falava muito, e parei de me concentrar em cada palavra. Na verdade, parei de ouvir e me flagrei pensando em outras coisas enquanto ela falava. Ou ouvia enquanto fazia outra coisa ao mesmo tempo. Apesar do meu entusiasmado aprendizado dos ensinamentos budistas sobre estar totalmente presente no que se está fazendo, considero esse ensinamento simples incrivelmente difícil de ser aplicado de forma consistente em minha vida e em meu relacionamento.

Portanto, ter essa ferramenta como um lembrete tem sido útil para nos ajudar a parar o que estamos fazendo e olhar um para o outro quando conversamos. Se percebo que meus pensamentos estão ativos, olho nos olhos dela e digo: "Karen, por favor, repita a última frase – minha mente estava divagando". É bom fazer isso porque, caso contrário, estou escondendo o fato de que perdi o que ela disse e tenho que fingir e torcer para que não seja importante. Manter contato visual realmente me ancora ao momento.

Outra maneira de usar essa ferramenta com sucesso é que, se Karen estiver fazendo alguma coisa, especialmente em seu telefone ou *tablet*, direi que quero contar algo a ela e, mesmo que ela diga que está pronta e ouvindo, esperarei até ela guardar o dispositivo e olhar para mim antes de falar. Até que tenho conseguido (oba!) e velhos hábitos são difíceis de mudar. Espero melhorar muito mais ao estar totalmente presente com Karen quando ela fala comigo, ou ao dizer-lhe que agora não é o momento em que posso dar-lhe toda a minha atenção.

PEQUENAS COISAS

Crie faíscas em vez de complacência.

Muitas vezes, casais ignoram as Pequenas coisas porque não entendem o quão poderosas podem ser em um relacionamento. O que parece *pouco* para você pode ser *enorme* para o seu parceiro. Pequenas coisas fazem uma grande diferença ao manter a felicidade nos relacionamentos.

 Diário reflexivo

- Faça uma lista de Pequenas coisas que você sabe que seu parceiro gostaria que você fizesse. Escreva suas desculpas para não fazer essas coisas.
- Suas desculpas são realmente mais importantes do que fazer seu parceiro se sentir amado? Desista de suas desculpas e assuma o compromisso de fazer "pequenas coisas" todos os dias para manter viva a chama em seu relacionamento.
- Faça uma lista de pequenas coisas que o outro faz e que você aprecia. Pode ser útil compartilhar sua gratidão quando ele faz pequenas coisas que fazem você se sentir amado.

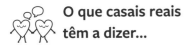 **O que casais reais têm a dizer...**

Thierry (Bordeaux, França): Isto foi uma verdadeira revelação para mim. Não foi difícil saber o que minha esposa deseja: que eu seja mais afetuoso. O pior foi quando tive que pensar por que não fazia isso (essa coisinha) com mais frequência, todos os tipos de coisas surgiram para mim. 1. As vezes em que quis ser afetuoso e ela estava cansada demais para aceitar minha afeição. 2. As vezes em que tentei dizer a ela como é bonita ou que a amava, e ela me deu razões pelas quais eu não deveria me sentir assim.

Percebi que estava recebendo mensagens duplas e me senti magoado quando ela não aceitou o que eu tinha a oferecer, então, estava meio que me vingando. Então eu tive que olhar para minha teimosia. Às vezes eu me sentia resistente porque queria estar *no controle* e fazer as coisas quando eu quisesse, e não porque ela queria que eu fizesse.

Ao dar uma olhada no que estava fazendo, me senti bobo e mesquinho – talvez adolescente seja a palavra. Decidi *me superar* e ser carinhoso sem esperar nada dela em troca. Se ela aceitar, tudo bem. Se ela não fizer isso, tudo bem. Afinal, eu a amo. Por que não mostrar isso incondicionalmente?

Pequenas coisas? Parecem muito grandes para mim. Obrigado!

♥

Grace e Holger (Quito, Equador): Talvez sejam coisas pequenas para um, mas para o outro podem ser bem grandes. Ao explorar essa ferramenta, tivemos uma longa discussão. Sei que minha esposa é uma pessoa organizada e adora ter o armário arrumado. Não sou tão organizado, ou, vamos dizer que, tenho meu método de organização. Infelizmente, meu método não atende aos parâmetros da minha esposa. Depois de fazer o exercício e ouvir minha esposa, percebi como algo que era insignificante para mim estava prejudicando muito nosso relacionamento. Eu não estava pronto para participar com minha esposa do armário dos sonhos dela, então resolvi levar minhas coisas para o armário do outro cômodo. Assim, ela pode ter um armário organizado. Tenho que ir para outro quarto pegar minhas coisas, mas é uma daquelas pequenas coisas grandes que posso fazer pelo nosso relacionamento.

♥

Yu (China): Quando meu marido chegava do trabalho, ele entrava em casa e perguntava: "Por que ninguém está falando comigo?". Eu geralmente estava ocupada cozinhando naquele momento e ajudando as crianças com os deveres de casa. Não tinha tempo de prestar atenção nele. E quando ele reclamava assim eu pensava: "Eu cuido das crianças o dia todo, e é muito cansativo. Por que você não vem me cumprimentar?".

Depois de explorar essa ferramenta no *workshop*, percebi o quanto as pequenas coisas são importantes para melhorar um relacionamento. Decidi fazer a mudança e começar por mim mesma. Então, um dia, quando ele chegou em casa, larguei o que estava fazendo, caminhei até a porta em dois passos, peguei sua mão e disse: "Você chegou! Está cansado?", e dei-lhe um grande abraço. Ele ficou tão feliz e relaxado! Acho que esse é o sentimento de pertencimento que ele precisava. Foi muito simples. Por que não fazer isso?

ADMIRAÇÃO E APRECIAÇÃO

"Amar é admirar com o coração. Admirar é amar com a mente."
— Théophile Gautier

"Seja honesto... Essa folha de figueira me faz parecer gorda?"

O amor está na raiz da admiração. Os elogios são uma expressão verbal da nossa admiração. Então, por que somos mesquinhos ao distribuí-los? Cultivar o hábito da apreciação torna essa ferramenta ainda mais fácil e poderosa (ver Apreciação). Existem coisas que você admira em seu parceiro e que não comunica a ele? Por que não? Compartilhar admiração por meio de elogios é uma prática que pode aumentar a conexão e a alegria no seu relacionamento.

# Diário reflexivo

- Faça uma lista de coisas que você admira em seu parceiro
- Entreviste seu parceiro e pergunte-lhe o que admira em si mesmo; e pelo que gostaria de receber elogios. (Não há problema em perguntar. Ler a mente não funciona.)
- Compartilhe a lista de coisas que você admira em seu parceiro.
- Desenvolva o hábito de elogiá-lo pelo menos duas vezes por dia pelas coisas que você admira nele e/ou pelas coisas que o outro admira em si mesmo. Não economize elogios. .

 O que casais reais têm a dizer...

Laney e Mike (Califórnia): Fiquei emocionada ao estudar essa ferramenta porque estou sempre querendo, pedindo e buscando elogios. Fez sentido quando li o livro *As cinco linguagens do amor,* de Gary Chapman e aprendi que minha linguagem do amor é Palavras de afirmação. Aprendemos que a linguagem do amor de Mike é Tempo de qualidade. Então, embora elogios e admiração signifiquem muito para mim, isso não significa tanto para ele.

Tal ferramenta nos deu a oportunidade de comunicar o quanto isso é importante para mim, sem que Mike ficasse na defensiva.

Pude compartilhar minha experiência de ter um pai "cheio" de elogios e admiração. Era assim que me sentia amada e é isso que agora quero e espero.

Mike foi capaz de reconhecer que sabe o quanto eu adoro quando ele me elogia e expressa verbalmente que me admira por ser ótima como mãe, esposa e na minha carreira. Ele respondeu: "Você sabe que admiro e aprecio tudo o que você é e faz". Consegui reconhecer que, embora ele pense e sinta o que eu quero ouvir, não é tão natural para ele expressar isso da maneira que meu pai fez e ainda faz.

Mike concordou em ser mais *atencioso* e me elogiar diariamente. Ele me perguntou se eu estaria disposta a lembrá-lo sutilmente caso ele esquecesse. Eu disse: "Você perceberá que estou te dando uma pista rapidamente. E estarei mais atenta a quão importante é para você que passemos tempo de qualidade juntos. Acho que existe uma carta com uma ferramenta para isso".

Adoro que tenhamos essas ferramentas como lembretes de como pequenas coisas, como alguns elogios e passar bons momentos juntos, podem ajudar a manter a alegria em nosso casamento!

Milene e Orelvis (Quito, Equador): Estudar essa ferramenta me fez sentir grata, mas também um pouco culpada. Meu marido tinha uma lista enorme de coisas que admirava em mim; e a minha lista, bem, não era tão longa assim. Ele é maravilhoso e eu o admiro, mas não fui capaz de colocar em palavras o que admiro nele, pelo menos não tão bem quanto ele (algo que admiro). Eu me senti culpada, mas acho que ele me valoriza demais.

Assumi o compromisso de perceber e prestar mais atenção a todas as coisas que admiro nele e depois anotá-las.

PRESTE ATENÇÃO

O amor cresce quando é alimentado.

"Olha, pessoal, eu não tenho o dia inteiro..."

Lembra-se de quando acreditava em cada palavra e achava que tudo o que o seu parceiro fazia era maravilhoso? É comum colocá-lo no topo da sua lista de atenção durante o namoro, e depois perto do fim da sua lista de atenção *quando a lua de mel termina*. Por quê? Em vez de tentar resolver esse mistério, comprometa-se a manter o outro no topo da sua lista de atenção. O amor cresce quando alimentado.

 Diário reflexivo

- Você tem dado o devido valor ao seu parceiro? Comprometa-se a prestar atenção nisso.
- Imagine que você é um repórter e está pesquisando o tema mais interessante que já pesquisou: seu parceiro. Reserve algum tempo para perceber o que está acontecendo na vida do outro. Quando ele estiver compartilhando algo com você, pare o que estiver fazendo e realmente ouça. Experimente perceber a maravilha que ele é. Escreva sobre suas descobertas.

 O que casais reais têm a dizer...

Kristin e Dave (Califórnia): Essa foi uma atividade que confirmou o que já sabíamos, nós dois colocamos outras coisas e pessoas no topo de nossas listas e não colocamos outro como prioridade. Às vezes há *razões* para isso — a vida é corrida, as coisas acontecem etc. Mas parte disso são apenas maus hábitos e desânimo que se infiltraram em nós. Dave ficou surpreso com o quão inconscientes realmente somos. Ao discutir o que fazer no futuro, perguntamos um ao outro: "Como seria se eu prestasse mais atenção em você?".

Kristin: Para mim, significaria que meus pensamentos e sentimentos são importantes para você.

Dave: Eu saberia que você estaria prestando mais atenção ao perceber quando eu escolho me conectar. Outra maneira seria levantar as questões difíceis para discussão, talvez colocá-las na pauta de nossas reuniões de casal.

Adaptamos o jogo do "Quente e frio" para praticar essa ferramenta. Ao praticar prestar atenção um no outro, dizemos "muito quente" ou "muito frio" sempre que minhas ações ou atitudes fizessem com que ele sentisse que estou prestando mais atenção nele (ou menos). Essa é uma maneiras de dar um *feedback* neutro e honesto no momento e guardar grandes discussões para mais tarde. Como qualquer coisa nova, temos que nos esforçar para lembrar de fazê-lo! Foi útil diversas vezes para nos ajudar a voltar ao caminho certo, em vez de seguirmos um caminho que não nos ajudava.

Laney e Mike (Califórnia): Descobrimos que o mais interessante sobre tal ferramenta são as nossas diferentes percepções. Quando perguntei a Mike, em uma escala de um a dez, como ele avaliaria o quanto prestava atenção em mim, ele deu a si mesmo uma nota sete. Eu tinha dado a ele uma nota quatro. Ficamos ambos surpresos. Ele achava que estava prestando muita atenção, especialmente porque temos três meninos com menos de seis anos e trabalhamos em três empregos entre nós dois.

Quando perguntei como ele me avaliaria, ele também me deu sete, mas disse que estava tudo bem para ele. Ele disse: "Eu sei que não é realista ser mais alto do que isso, considerando a nossa vida".

Perguntei-lhe se ele estaria disposto a tentar aumentar a "nota" que dei para ele nota sete. Ele riu porque pensou que já estava lá. Mesmo assim, ele estava disposto, então dei-lhe alguns exemplos de como gostaria que ele prestasse atenção.

1. Quando chegar em casa do trabalho, pergunte como foi meu dia.
2. Esteja comigo na cozinha em vez de ficar no sofá. (Eu faço isso com ele e fico decepcionada quando ele não faz comigo.) Mike compartilhou que ele está tão esgotado física e mentalmente por cuidar de todos os meninos por mais de cinco horas enquanto estou trabalhando, que quando eu entro pela porta, ele já entrega os pontos.
3. Concordamos em conversar primeiro, compartilhando cada um dos nossos pontos altos e baixos do dia, antes de ver TV. (Isso já abriu muito mais conexões e conversas.) Essas ferramentas me relembram que o melhor momento é um fator importante, bem como nossas percepções e comunicação. Essa ferramenta nos levou de volta a algumas outras ferramentas que já havíamos estudado, como momentos especiais, reuniões de casal, admiração e elogios. Sinto que ele presta atenção quando fazemos tudo isso.
4. Concordamos em garantir que nossos almoços de sexta-feira fossem o encontro mais importante de nossas agendas.

No geral, apreciei o canal de diálogo que isso abriu e, mais uma vez, sinto-me mais ligada ao meu marido. Eu amo esse baralho de ferramentas.

Claude e Thierry (Bordeaux, França): Discutimos essa ferramenta e como prestar atenção se enquadra no nosso relacionamento.

Claude: Lembro-me de me sentir frustrada ao conversar com Thierry e vê-lo não tirar os olhos do computador ou do livro.

É importante para mim sentir que estou sendo ouvida quando compartilho pensamentos e sentimentos com ele.

Thierry: Às vezes, é frustrante para mim quando estou trabalhando em um projeto ou tentando escrever algo e C simplesmente começa a falar comigo sem checar se é um bom momento para mim ou sem solicitar minha atenção. Nós dois notamos momentos em que um ou outro de nós estava na outra sala tentando conversar um com o outro. Isso raramente resulta em uma comunicação eficaz.

Concordamos em: 1. "Prestar mais atenção", certificando-nos de que estávamos, no mínimo, na mesma sala antes de iniciar uma conversa; e, na melhor das hipóteses, frente a frente com contato visual. 2. Convidar um ao outro para ouvir antes de iniciar uma conversa ou compartilhar informações.

Continuamos aprendendo que essas ferramentas são lembretes importantes sobre como lidar com pequenos aborrecimentos antes que destruam um relacionamento. Planejamos usá-las continuamente.

7

Foco
nas soluções

OS CAPÍTULOS ANTERIORES SE CONCENTRARAM em criar conscientização sobre as perspectivas individuais (ou lógica privada), assumir a responsabilidade pelo poder que você tem de mudar seus pensamentos e percepções e superar as barreiras para criar conexão com seu parceiro. Essas ferramentas e práticas fomentam confiança e respeito mútuo. Elas podem fortalecer um relacionamento que já é sólido. Também podem curar um relacionamento difícil.

É importante entender que, às vezes, a conexão precisa acontecer antes que os parceiros estejam prontos para focar as soluções. Chamamos isso de *conexão antes da correção*. Se você encontrar obstáculos ao praticar as ferramentas deste capítulo, recomendamos que releia os capítulos anteriores. A conexão constrói confiança.

Focar as soluções é um pilar da Disciplina Positiva. Ela nos orienta a abraçar os erros como oportunidades de crescimento. Ao explorar essas ferramentas, lembre-se do Mapa do relacionamento que você criou no Capítulo 1. Praticar as ferramentas para casais pode ajudar a cultivar as qualidades que você deseja para seu relacionamento, apesar dos (e até mesmo graças aos) desafios que surgem.

Neste capítulo, apresentaremos ferramentas que podem ser aplicadas em muitas situações diferentes para focar as soluções, como Foquem em soluções e Decida o que você vai fazer. A ferramenta Compartilhe suas expectativas pode ajudar a evitar a armadilha muito comum de se apaixonar por uma fantasia. A fantasia geralmente começa durante o namoro, quando os casais têm "bons modos". Eles não se conhecem em várias situações: os bons momentos e os momentos de "surto". Compartilhar expectativas pode ajudar você a "ver" o outro de forma mais realista e manter uma linha de comunicação aberta. A ferramenta Erros ajuda a reformular a maneira como você pensa sobre os erros (seus e dos outros) para que se tornem oportunidades de conexão e crescimento, e não fontes de culpa, vergonha e punição.

Este capítulo contém uma das ferramentas mais importantes deste livro: Reuniões de casal. Todo relacionamento tem desafios. Os estudos longitudinais de John Gottman e Robert Levenson mostram que casais felizes e casais infelizes não diferem no número de interações negativas que têm. Onde eles diferem é no número de interações positivas – as conexões.[*] Desafios apresentam uma oportunidade de crescimento. Agendar reuniões regulares de casal oferece uma chave para se manter conectado e enfrentar os desafios juntos.

---

[*] https://www.gottman.com/blog/the-magic-relationship-ratio-according-science/

FOQUEM EM SOLUÇÕES

"Sempre lembre-se de que, através da turbulência que o amor pode trazer, o coração vê o que os olhos não conseguem."
— Anônimo

"Meu marido."

Você está buscando culpado ou está buscando soluções? Quando você foca a culpa, você se sente justo consigo mesmo. "Veja como sou bom e como você é ruim." Isso é o que você vê quando vem da sua cabeça. É verdade? Você realmente é uma pessoa perfeita que está presa a uma pessoa imperfeita? Convidamos você a acessar seu coração e buscar soluções amorosas – para você e para seu parceiro.

 Diário reflexivo

- Durante um momento tranquilo, identifique um problema. Faça um *brainstorming* com o maior número possível de soluções – pelo menos seis. Use seu senso de humor para incluir ideias malucas e criativas.
- Em seguida, use os "3 R e um U" para eliminar as ideias que não são Respeitosas, Relacionadas, Razoáveis e Úteis. Do que sobrar, escolha uma solução que funcione para ambos. (Tudo bem escolher mais de uma.)
- Experimente a solução por uma semana e depois avalie os resultados. Se não funcionar, comece novamente na sua próxima reunião de casal. Um pouco de tempo pode mudar sua perspectiva e inspirar novas ideias.

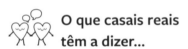 **O que casais reais têm a dizer...**

Kristin e Dave (Califórnia): Escolhemos essa carta logo após uma discussão em que tivemos dificuldade em encontrar uma solução para um problema recorrente. Quando as conversas ficavam acaloradas, Dave preferia terminar a conversa abruptamente dizendo: "Vamos apenas concordar em discordar". Kristin sentia que eles não haviam discutido tudo completamente. (Ela queria persuadi-lo a fazer algo ou ver as coisas do jeito dela.) Depois de usarmos a ferramenta

Valide sentimentos sobre o tema, decidimos dar um passo adiante com Foquem em soluções durante uma reunião de casal.

Kristin conseguiu ouvir que Dave se sentia sobrecarregado e cansado quando as discussões duravam muito tempo e o mesmo ponto era repetido várias vezes. Dave conseguiu ouvir que Kristin se sentia interrompida e desconsiderada quando Dave afirmava com raiva que eles precisavam *concordar em discordar*. Essa afirmação ríspida soava para ela como se ele estivesse dizendo: "Cale-se. Sua opinião não importa para mim". Fizemos um *brainstorming* de ideias sobre como resolver esse problema. Algumas das ideias sugeridas foram:

- Concordar em estabelecer um limite de tempo para discussões que possam se tornar acaloradas.
- Concordar que o tema pode ser revisitado após um tempo acordado, para que ambos tenham tempo suficiente para se acalmar.
- Concordar em ouvir sem interromper até que o outro termine de falar.
- Ambos reformulam, com suas próprias palavras, o que ouviram o outro dizer.
- Ficar acordados a noite toda e continuar conversando até que tudo se resolva.
- Não trazer tópicos sérios para discussão antes de dormir.

Concordamos em tentar todas as sugestões, exceto a de reformular com suas palavras e ficar acordados a noite toda, pois isso poderia aumentar o tempo do limite estabelecido e indicar que não estávamos realmente focados em soluções, mas em estar "certos". Decidimos testar as outras soluções por uma semana e depois discutir como ambos achávamos que estavam funcionando.

Após uma semana, sentimos que as novas *regras* estavam funcionando muito bem. Embora fosse difícil para Kristin limitar as discussões ao tempo estabelecido, ela estava descobrindo que, ao respeitar a necessidade de Dave por conversas mais curtas, ele estava prestando mais atenção ao que ela dizia. As discussões terminavam de forma mais positiva, e ambos se sentiam mais conectados e amorosos.

ERROS

Erros são oportunidades.

"Ainda está brava?"

Você foi ensinado desde muito jovem que erros são ruins? Eles eram frequentemente acompanhados de punições? Você aprendeu que deveria evitar os erros e, quando os cometesse, deveria escondê-los ou negá-los a todo custo? Isso lhe soa familiar? O resultado é a vergonha em relação aos próprios erros e culpa (ou punição) pelos erros dos outros. Vergonha, culpa e punição são contraproducentes para criar alegria em qualquer tipo de relacionamento (romântico, pais-filhos, trabalho, amizade etc). Quando você muda sua mentalidade para apreciar os erros (seus e dos outros) como oportunidades de aprendizado e crescimento, substitui a vergonha e a culpa por conexão e aprendizado.

Quando seu parceiro cometer um erro, responda com compaixão e gentileza. Evite julgamentos, sermões, culpa e punição. Acesse sua humildade lembrando-se de que você não é perfeito e que também comete erros. Corrigir os erros do outro ou ensinar uma lição a ele não é seu papel, nem trará alegria ao seu relacionamento. Ouça sem oferecer conselhos – apenas empatia. Se seu parceiro parecer pronto, faça Perguntas curiosas (Capítulo 5) para entender melhor a situação e ajudar o outro a sentir-se ouvido. Valide sentimentos (Capítulo 4) pode ser outra ferramenta útil quando se trata de erros.

É necessário comprometimento e prática para realmente abraçar os erros como oportunidades de aprendizado, especialmente quando a sociedade reforça a espiral de vergonha/culpa/punição. Seja gentil consigo mesmo enquanto explora essa ferramenta. Muitas das ferramentas deste livro irão ajudá-lo. Pode ser especialmente difícil abraçar os erros quando você está passando por sentimentos de dor. Para mudar sobre isso, veja o Capítulo 5. Cometer erros faz parte do processo de crescimento. Para ajuda sobre abraçar os erros como oportunidades de aprendizado, veja a ferramenta Responsabilidade.

# Diário reflexivo

- Qual foi a mensagem que você recebeu quando criança sobre os erros? Como pensa atualmente sobre os erros (seus e dos outros) como adulto? Sua abordagem está criando conexão e encorajando o crescimento ou é baseada em vergonha e culpa? Você pune seu parceiro quando comete erros, especialmente se eles o afetam?
- Escreva sobre um erro que o outro cometeu e como você lidou com isso. Como mudaria o que fez ou disse (ou o que não fez ou não disse) para abraçar o erro do seu parceiro e oferecer apoio?
- Faça um *brainstorming* sobre maneiras de mudar sua abordagem em relação aos erros no futuro. Se precisar de inspiração, confira Valide sentimentos, Perguntas curiosas, Escuta ativa, Consequências naturais e Tenha confiança.

RESPONSABILIDADE

Assuma a responsabilidade pelo que você cria em sua vida.

"Eu sempre me culpo pelos nossos problemas... assim eu ganho da minha esposa."

Assumir responsabilidade não tem nada a ver com culpa. O homem da ilustração claramente não está assumindo responsabilidade (ou focando soluções). A culpa e a vergonha drenam um relacionamento. Elas são o oposto de criar alegria.

É útil se sentir confortável com os erros. Quando assume a responsabilidade, você se aprofunda para reconhecer como contribuiu para a situação em questão. Se reconhecer sua contribuição para um conflito sem sentimentos de culpa ou vergonha for desafiador, revisite a ferramenta Erros. Esse simples passo realmente coloca energia de volta no seu relacionamento, em vez de drená-la.

A próxima ferramenta, Repare os erros, ajuda você a transformar desafios em oportunidades de crescimento e conexão. (Lembra do seu Mapa do relacionamento?)

 Diário reflexivo

- Pense em um conflito que você teve com seu parceiro. Aprofunde-se e escreva sobre como você contribuiu para a situação, sem culpa ou vergonha. Se achar difícil, considere escrever sobre a situação como se fosse um repórter escrevendo uma matéria jornalística.

Depois de identificar sua contribuição para o conflito, complete a frase: "Eu assumo a responsabilidade por...". Como você se sente ao reconhecer sua parte? Se estiver sentindo culpa, vergonha ou remorso, talvez seja útil revisitar a ferramenta Erros e, em vez de escrever sobre um erro que o outro cometeu, escreva sobre o seu próprio.

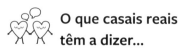 O que casais reais têm a dizer...

Anônimo (Londres): Houve uma época na minha vida em que eu reclamava com frequência por me sentir sobrecarregado. As reclamações criaram muita negatividade na minha vida e nos meus relacionamentos com os outros. Quando li essa ferramenta, dei um passo atrás para fazer uma pausa e refletir. Decidi assumir a responsabilidade por me sentir sobrecarregado. Fiz uma lista das minhas prioridades. Depois comecei a dizer não para oportunidades que não estavam alinhadas com minhas prioridades. Assumi um compromisso de parar e ajustar meus limites com mais frequência. Coloquei essa citação acima da minha mesa: "Sou o único responsável pela minha vida e pela minha felicidade". Percebi que, se eu esperar que os outros me façam feliz, posso esperar por muito tempo. Desde que comecei a praticar isso, me sinto menos sobrecarregado e mais feliz. E tenho orgulho de ter feito essa mudança positiva na minha vida.

REPARE OS ERROS

"Olha só, eles publicaram sua notificação ... você vai dormir no sofá esta noite."

Não conhecemos nenhum relacionamento que não inclua conflitos. Alguns conflitos são grandes, outros são pequenos. Alguns parecem pequenos, mas na verdade são grandes, pois criam uma erosão lenta, mas profunda.

Existem muitas razões pelas quais os conflitos surgem. A parte mais importante é como eles são resolvidos. Alguns casais nem sequer abordam os conflitos. Essa abordagem resulta em distância e ressentimento que se acumulam com o tempo.

Lembra das barreiras que discutimos no Capítulo 5? O conflito pode criar uma divisão entre você e seu parceiro ou pode criar uma conexão mais profunda, dependendo de como e se vocês fazem as pazes e criam soluções.

Você já explorou as ferramentas Erros e Responsabilidade. Essas duas ferramentas, combinadas com Repare os erros, são uma combinação poderosa para transformar desafios em oportunidades de conexão, respeito e, por fim, alegria.

3 R para reparar os erros
- Reconhecer: reconheça sua contribuição para o conflito com um sentimento de responsabilidade, em vez de culpa ou vergonha (veja as ferramentas Erros e Responsabilidade).
- Reconciliar: pedir desculpas cria conexão. Seja específico ao pedir desculpas e faça referência ao seu erro. Exemplo: "Desculpe. Eu te critiquei em vez de te dizer como eu me senti".
- Resolver: crie um plano ou acordo sobre como você fará as coisas de forma diferente a partir de agora (veja a ferramenta Foquem em soluções).

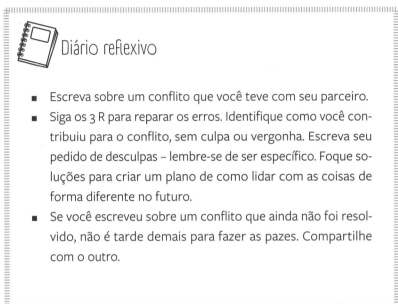

Diário reflexivo

- Escreva sobre um conflito que você teve com seu parceiro.
- Siga os 3 R para reparar os erros. Identifique como você contribuiu para o conflito, sem culpa ou vergonha. Escreva seu pedido de desculpas – lembre-se de ser específico. Foque soluções para criar um plano de como lidar com as coisas de forma diferente no futuro.
- Se você escreveu sobre um conflito que ainda não foi resolvido, não é tarde demais para fazer as pazes. Compartilhe com o outro.

REUNIÕES DE CASAL

"Cerveja e futebol estão na pauta da reunião?"

Reuniões regulares de casal podem ser a coisa mais importante e simples que você pode fazer (*apenas 20 minutos por semana*) para manter seu relacionamento vibrante, evitar que pequenos problemas se tornem grandes, compartilhar valores, focar soluções para desafios e aumentar a comunicação em níveis profundos, ajudando você a se sentir ouvido, amado e apreciado.

Nós incentivamos fortemente que todas as pessoas sigam **todos** estes *Passos para reuniões de casal bem-sucedidas:*

1. Reserve um horário específico para as reuniões semanais de casal. Faça desse compromisso o mais importante na sua agenda.
2. Crie uma pauta em um local visível e acessível para ambos – mas não para as crianças. (Talvez no espelho do banheiro.) Adicione itens que surgirem ao longo da semana para discutir durante a reunião. (Pode ser interessante observar como muitos problemas são resolvidos apenas porque foram escritos na pauta.)
3. Comece a reunião com Apreciações.
4. Faça um *brainstorming* de soluções para os itens na pauta. Continue fazendo o *brainstorming* até ter pelo menos seis soluções, incluindo algumas mais malucas e criativas.
5. Corte quaisquer soluções que não sejam respeitosas, relacionadas, razoáveis e úteis.
6. Então, escolha uma ou mais soluções que funcionem para ambos.
7. Finalize a reunião planejando algo divertido para fazerem juntos durante a semana. Pode ser algo simples, como fazer um piquenique no chão da sala de estar depois que as crianças estiverem na cama.

 Diário reflexivo

- Crie uma lista de razões pelas quais ter reuniões semanais regulares de casal é importante para você e seu relacionamento.
- Crie uma lista de possíveis obstáculos para ter reuniões semanais regulares de casal.
- Qual lista é mais importante?
- Assuma um compromisso de praticar essa ferramenta semanalmente.

Reuniões de casal: dicas e cuidados para o sucesso

Dicas

- Lembre-se do objetivo de longo prazo das reuniões de casal: criar conexão e proximidade, focando apreciação e soluções.
- Coloque uma pauta em que ambos possam escrever seus tópicos para discussão.
- Comecem com elogios para definir o tom, verbalizando coisas positivas um sobre o outro.
- Foquem soluções, não culpa.
- *Brainstorming* significa pensar em todas as soluções possíveis para resolver o desafio. Divirta-se incluindo algumas sugestões bobas ou extravagantes.
- Risque as sugestões que não sejam Relacionadas, Respeitosas ou Razoáveis.
- Escolha uma ou mais sugestões (por consenso) que sejam práticas e respeitosas para ambos e tentem por uma semana.
- Quando não alcançar o consenso, adie esse item para mais discussão na próxima semana.

> **Cuidados**
>
> - EVITE usar as reuniões de casal como uma plataforma para culpar, envergonhar ou reclamar. Foque soluções.
> - NÃO espere perfeição. Celebre as melhorias.
> - NÃO misture Reuniões de família com Reuniões de casal. Elas devem ser feitas separadamente.
> - EVITE PULAR AS REUNIÕES SEMANAIS REGULARES DE CASAL. Faça delas um compromisso tão importante quanto as reuniões familiares na sua agenda. (Para saber mais sobre Reuniões de família, consulte o livro *Disciplina Positiva* da Dra. Jane Nelsen.)

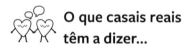

O que casais reais têm a dizer...

Nadine e Bernard (Paris, França): Começamos nossas reuniões de casal em dezembro. Realmente gostamos delas, pois foi uma ótima oportunidade para compartilhar nossas preocupações um com o outro. Inicialmente, pensamos que não teríamos nada a dizer. "Tudo estava perfeito." Mas assim que usamos as cartas de ferramentas para sugerir tópicos para pensar, tivemos tanto a dizer que não conseguíamos parar!

As reuniões de casal são momentos especiais, em que damos um passo para trás, paramos a correria do dia a dia e refletimos sobre o nosso relacionamento. É uma grande oportunidade para falar sobre nós. Esses momentos são raros com três filhos.

Bernard acha que é um bom momento para compartilhar as pequenas coisas que nos incomodam. Foi um pouco difícil no começo, mas, uma vez que fizemos isso, ficou mais fácil. E então é possível pensar em soluções que podemos implementar para evitar muitos desafios.

O fato de termos começado primeiro com as reuniões de famílias com nossos filhos nos ajudou a conduzir as reuniões de casal. Agora estamos acostumados a fazer elogios e expressar apreciações, falar sobre os desafios e encontrar soluções. Nossos músculos para soluções continuam a crescer. Pode ser difícil manter nossas reuniões semanais, mas realmente sentimos falta quando não conseguimos fazê-las.

♥

Carol e Tom (Nova York): Depois de aprender sobre as ferramentas para casais, tivemos nossa primeira Reunião de casal durante uma longa viagem de quatro dias de Park City para Nova York. Percebemos que, após 15 anos de casamento, achávamos que já estávamos fazendo Reuniões de casal. Usar essa ferramenta nos ajudou a perceber que os encontros improvisados que achávamos que se qualificavam como "Reuniões de casal" não eram exatamente a mesma coisa; estávamos perdendo uma oportunidade de enriquecer nosso relacionamento em muitos níveis.

Criamos nossa pauta, que incluiu o compartilhamento de agendas e o planejamento para o ano seguinte. Também compartilhamos nossos objetivos pessoais para negócios, saúde e família, além dos nossos sonhos para o futuro.

A prioridade na nossa pauta foi finanças. Como muitos casais, enfrentamos desafios com dinheiro, como "ter o suficiente". No passado, quando esse assunto surgia, quase sempre era acompanhado de sentimentos de estresse. Agora, conseguimos reconhecer isso e passar imediatamente para a busca por soluções.

Carol tem sido a principal provedora nos últimos anos, enquanto eu concluía meu mestrado e me lançava em uma nova carreira. Percebi que, para mim, sempre que o assunto dinheiro surgia, era motivo de vergonha por não ser um provedor melhor. Dessa vez, ao focarmos as soluções, identificamos duas áreas: renda e despesas.

Reconhecemos que algumas novas oportunidades que estavam surgindo para mim criariam novas fontes de renda, o que me fez sentir empoderado, em vez de estressado. Depois, discutimos e fizemos um *brainstorming* sobre maneiras de reduzir nossas despesas até que essas outras oportunidades se concretizassem. Identificamos duas maneiras de diminuir nossas despesas mensais e fizemos planos para seguir em frente.

Primeiro, marcamos uma data para limpar e reduzir o tamanho do nosso depósito pela metade, o que reduziria o custo mensal. Segundo, concordamos em vender nosso carro antigo e ficar sem carro por um tempo. Como moramos em Nova York, não só é possível, mas também fácil viver sem carro. Isso seria uma redução significativa nas despesas mensais.

Foi muito empoderador seguir as diretrizes para uma Reunião de casal "estruturada". Ao nos reconectarmos com nossa apreciação um pelo outro e focarmos as soluções, conseguimos substituir o estresse por uma nova inspiração criativa! Desde então, seguimos em frente e agendamos reuniões regulares. Ambos percebemos como essa prática ajudou a eliminar uma tremenda quantidade de estresse – estresse que não havíamos notado até que ele desapareceu.

DECIDA O QUE VOCÊ VAI FAZER

"Ame, honre e obedeça?... Pode pegar mais leve?"

Esperar que você possa mudar outra pessoa cria distância e hostilidade em um relacionamento (veja a parte sobre Aceitação no Capítulo 2). O melhor é focar soluções juntos e, às vezes, simplesmente decidir o que você vai fazer (sem expectativas de que o outro mude).

Decidir o que você vai fazer te dá poder para ser respeitoso consigo mesmo e com seu parceiro. Não é útil comunicar ao outro o que você vai fazer quando estiver chateado e cheio de culpa e julgamento. Reserve um tempo para se acalmar. Quando se sentir respeitoso (com você mesmo e com seu parceiro), compartilhe de forma gentil e firme o que decidiu fazer. Exemplos incluem: "Eu vou sair para a festa às 18 horas. Se você não estiver pronto até lá, vou esperar você quando chegar". "Quando você criticar meu jeito de dirigir, eu vou parar o carro até me acalmar." Sua atitude gentil (não sarcástica) e firme (não reclamando) é a chave para evitar sentimentos negativos. Lembre-se, essa é uma ferramenta para trazer mais alegria para o seu relacionamento, não uma ferramenta para punição.

 Diário reflexivo

- Pense em algo que você gostaria que fosse feito de forma diferente. Em vez de tentar mudar o outro, faça um *brainstorming* sobre o que você poderia decidir fazer.
- Compartilhe sua decisão com antecedência com o seu parceiro, com um tom respeitoso (tanto para você quanto para ele), e então cumpra o que decidiu caso a situação aconteça.

Foco nas soluções

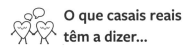 **O que casais reais têm a dizer...**

Janet e Bruce (St. George, Utah): Eles têm estilos de personalidade bem diferentes. Janet é extrovertida e cheia de energia – sempre achando que tem tempo para fazer mais uma tarefa. Claro, ela geralmente subestima o tempo que levaria para fazer essa tarefa extra e acaba se atrasando. Bruce é mais metódico e organizado. Ele gosta de estar no horário (até muito antes, se possível) para manter seu estado de espírito tranquilo.

Você pode imaginar o resultado. Bruce ficava ansioso e irritado quando as tarefas de última hora de Janet os atrasavam. Finalmente, Bruce a avisou que sairia no horário. Ela poderia levar o tempo que quisesse e chegar o mais tarde que quisesse.

Como Bruce a avisou com gentileza e firmeza, Janet se sentiu inspirada a ser mais pontual – às vezes. Quando se atrasava, ela ia de carro sozinha, sabendo que era uma escolha dela. Ela admirava Bruce pela disposição de fazer o que funcionava para ele, sem culpá-la.

♥

Daniella (Guayaquil, Equador): Sempre estive focada no comportamento do meu marido, mas estava esquecendo de me ver como alguém que também pode mudar a situação. Essa ferramenta me estimulou a planejar minha ação quando possível. Isso me fez sentir parte da mudança e não uma vítima da situação.

8
Parceria respeitosa

"**COMO É UMA PARCERIA RESPEITOSA?** Quais são os "ingredientes"? Alfred Adler e Rudolf Dreikurs ensinaram sobre a importância da igualdade, dignidade e respeito por todas as pessoas (homens, mulheres e crianças) muito antes de ser politicamente correto. Eles acreditavam que tais pilares (igualdade, dignidade e respeito) são a lei definitiva para a vida social. É por isso que reuniões regulares e semanais de casal (abordadas no Capítulo 7) são tão importantes para focar continuamente as soluções baseadas na igualdade, dignidade e respeito.

Neste capítulo, apresentamos ferramentas que promovem o respeito mútuo em um relacionamento amoroso. Algumas ferramentas abordam desafios de relacionamento específicos (e comuns), como Dinheiro conta e Tarefas domésticas. A ferramenta Consequências naturais ajuda você a lembrar que não é sua função mudar ou salvar seu parceiro, mas sim apoiá-lo e permitir que as consequências naturais de suas escolhas se revelem tanto positivas quanto desafiadoras. Seja um líder de torcida em vez de um crítico ou salvador.

No *workshop: Mantendo a alegria nos relacionamentos*, os participantes se divertem muito exagerando as características do marido e da mulher dos *sonhos* e o marido e a mulher *típicos*. Eles fazem um *brainstorming* de todas as melhores e piores características que conseguem imaginar. Curiosamente, os desenhos criados pelos participantes dos *workshops* são sempre semelhantes, independentemente do país ou idioma. É claro que não existe parceiro perfeito ou parceiro típico. Todos os humanos são seres imperfeitos que cometem erros e trabalham para melhorar. Em um relacionamento, dois seres humanos imperfeitos se unem para se tornarem parceiros. Todas as ferramentas para manter a felicidade nos relacionamentos foram projetadas para ajudá-los a melhorar sua parceria, recuperando-se de erros e trabalhando para melhorar com respeito. Como discutimos (e vale a pena repetir), os erros podem ser oportunidades maravilhosas para conexão e crescimento de ambos.

PARCERIA

"Ele descobre o fogo, e eu fico cozinhando sete dias por semana."

Você deve se lembrar, ou talvez já tenha ouvido falar, dos dias em que homens e mulheres eram delegados a funções específicas determinadas por algum comitê misterioso (sociedade, cultura). Agora, os papéis dentro de um relacionamento variam muito. Em algumas relações, ambos trabalham o dia todo, enquanto em outros um dos parceiros fica em casa ou trabalha em tempo parcial. Às vezes, as responsabilidades domésticas são partilhadas, enquanto em outras relações recaem predominantemente sobre um dos parceiros. Quando se trata de cuidar dos filhos, já foi responsabilidade da mãe. Hoje, em muitos lares, pode ser do pai ou até mesmo de uma babá contratada.

Muitas vezes, as nossas expectativas iniciais sobre como as responsabilidades devem ser delegadas vêm de experiências na infância e das "normas" da sociedade. Isso não significa que elas sejam adequadas para o seu relacionamento. Às vezes, as responsabilidades começam de uma certa maneira, mas evoluem à medida que o relacionamento e a vida mudam. Igualdade, dignidade e respeito mútuo são o que constituem a parceria em um relacionamento.

Essa ferramenta pode ajudá-lo a explorar (e reexplorar) o que funciona para você em sua parceria.

Diário reflexivo

- Você está preso a expectativas desatualizadas ou assumidas que estão criando conflitos e/ou ressentimentos? Faça uma lista de funções e/ou expectativas que estão criando desafios em seu relacionamento.
- Pense em soluções para compartilhar responsabilidades que sejam respeitosas para ambos. Como se configura uma parceria respeitosa em seu relacionamento?
- Discutam suas listas durante uma reunião de casal para encontrar soluções com as quais ambos se sintam bem.

O que casais reais têm a dizer...

Marty e Dane (Idaho): Seguindo as instruções, cada um de nós escreveu suas próprias metas de crescimento pessoal. Dane jurou que conhecia os objetivos de Marty, e ela admitiu que não tinha a menor ideia sobre os de Dane, exceto que incluíam crescimento pessoal.

Reservamos um tempo para compartilhar nossos objetivos e perguntamos como poderíamos apoiar um ao outro. Ambos concluímos que, se cada um compartilhasse as tarefas e a geração de renda, ficaríamos satisfeitos e poderíamos dar conta dos nossos próprios objetivos.

Quando escrevemos no nosso diário e refletimos sobre nossos objetivos e nosso relacionamento, descobrimos algo triste e interessante. Nenhum de nós tinha escrito nada em nossos objetivos sobre nosso relacionamento. Na maior parte do tempo, desses 15 anos de casamento, participamos de grupos de casais ou fizemos terapia para continuar investindo em nosso casamento. Nesse momento não estamos fazendo nada do tipo.

Rapidamente percebemos que não estávamos investindo tempo, energia ou intenção suficientes em nosso relacionamento. Em poucas horas, ambos reafirmamos nosso forte compromisso com nosso relacionamento e notamos uma diferença significativa em nossos comportamentos e no resultado.

QUE ALÍVIO e ALEGRIA!

Becky (Califórnia): Frank e eu concordamos, antes de nos casarmos, que um de nós ficaria em casa com os filhos quando os tivéssemos. Eu me ofereci para ser essa pessoa.

Nós dois dividimos a limpeza da casa. Ele gosta de cozinhar e fazer compras, o que fico feliz que ele faça, e nós dois lavamos a louça. Eu faço a maior parte da limpeza da casa, algo em que treinei muito enquanto crescia. Ele cuida do quintal, da garagem e do exterior de casa. Isso funcionou para nós. Eu cuido de abrir a correspondência e pagar as contas.

Eu não tinha pensado em nenhum descontentamento até discutirmos essa ferramenta e eu perceber que uma área que gostaria de mudar é a forma como fazemos o controle das finanças. Eu queria um papel maior no conhecimento de nosso quadro financeiro geral. Concordamos que eu trabalharia em um orçamento e o discutiríamos e modificaríamos conforme necessário.

Essa ferramenta me esclareceu que, embora Frank e eu não discutíssemos conscientemente que ele faria o papel masculino tradicional e eu faria o papel da mulher, caímos neles por causa do interesse e da experiência (quando crianças, aprendemos a fazer o trabalho exigido de cada papel – masculino e feminino). Estou muito feliz por termos conseguido lidar com meu ressentimento antes que ele crescesse.

♥

Tom (Nova York): Eu realmente amo minha esposa e aprecio o quanto ela trabalha – especialmente nos últimos anos, enquanto eu estava fazendo meu mestrado. Percebi que quando nos comunicamos, nos envolvemos ativamente e nos concentramos na nossa parceria, é mais fácil valorizarmos um ao outro e querermos contribuir para a relação.

Compartilhamos uma paixão pelo Havaí. Na cultura polinésia existe um princípio fundamental chamado *"Kokua"*, que significa ajudar sem ser solicitado. Tanto na nossa parceria como nas relações externas procuramos praticar *"Kokua"*. Essa prática de cuidar uns dos outros, fazendo coisas simples e ajudando sem ser solicitado, fortalece o nosso sentido de verdadeira parceria, ao mesmo tempo que nutre o respeito mútuo que sentimos.

EU NOTEI

"Pode, por gentileza, verificar a sua visão...
Você está escovando os dentes com creme para hemorroidas."

Se você tem o hábito de se queixar, como isso está funcionando para você? Queixar-se ajuda você a se sentir melhor? A queixa muda o seu parceiro? Você gosta de si mesmo quando está se queixando? Você está disposto a fazer algo que pode ser mais eficaz?

Em vez de queixar-se, conte o que você notou que pode ser suficiente para inspirar mudança ou conscientização. Por exemplo, "Notei que você deixou sua toalha no chão do banheiro". "Notei que seus papéis estão na mesa da cozinha e está quase na hora do jantar.". "Notei como você valida os sentimentos de Susie. Posso dizer que ela fica feliz com isso."

É **fundamental** que essa ferramenta seja usada com um tom sem julgamento e intenção genuína de inspirar ou compartilhar consciência. Isso se torna fácil quando você percebe tantas (se não mais) coisas positivas quanto negativas. Pode ser benéfico se você e seu parceiro já compartilharam expectativas (veja a ferramenta Compartilhe suas expectativas).

 Diário reflexivo

- Anote momentos ou cenários em que você tende a queixar-se ou reclamar (ou momentos em que seu parceiro pode perceber que você está se queixando ou reclamando). Pense em ferramentas que poderia usar para compartilhar respeitosamente suas expectativas nesses cenários.
- Depois de ter comunicado respeitosamente as suas expectativas ao outro, se o cenário surgir novamente, tente usar a frase "Eu notei".

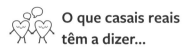 **O que casais reais têm a dizer...**

Daniella R. (Guayaquil, Equador): Começar uma frase com "Eu notei" mudou meu casamento. Meu marido e eu somos muito diferentes. Sou uma pessoa muito ordeira e organizada e meu marido aceita a bagunça (roupas no chão, sapatos espalhados pelo quarto). Tudo o que ele toca será imediatamente colocado em um lugar diferente. Eu costumava ficar muito brava com ele o tempo todo. Desde que comecei a usar a frase "Eu notei", ele não mudou, mas o volume do conflito diminuiu.

Becky e Frank (Califórnia): Aprendemos que usar "Eu notei" com um tom de voz sem julgamento é muito eficaz. A pessoa que recebe o "Eu notei" é menos propensa a ficar na defensiva e muitas vezes está mais disposta a ajudar na situação mencionada.

Antes de realizar essa atividade, Becky mencionou várias vezes a Frank que uma das pias do banheiro estava entupida e precisava ser limpa. Na 2ª e 3ª menções, seu tom tornou-se crítico e nada feliz.

Becky decidiu usar uma frase "Eu notei" com Frank sobre a pia. Ela falou sem julgar, dizendo: "Eu notei que a pia ainda está entupida". Ele então se desculpou por não ter cuidado disso antes, dizendo que era um trabalho bagunçado e fedorento e por isso estava adiando. Frank desentupiu a pia. Eles puderam então ter uma discussão produtiva e chegar a um acordo sobre como evitar que a pia ficasse entupida novamente no futuro.

♥

Tom e Carol (Nova York): Estavam tirando duas semanas de folga para cuidar da casa de campo dos pais da Carol na França depois que sua mãe faleceu e seu pai teve que ser transferido para uma casa de repouso. Esse foi um momento desafiador, especialmente para Carol, que estava sentindo muito estresse ao lidar com finanças e outros detalhes das demandas de seus pais.

Ao chegar, Carol desfez as malas, organizou suas roupas e coisas nas prateleiras do quarto e sugeriu a Tom que fizesse o mesmo. Tom optou por adiar a arrumação de suas coisas nas prateleiras.

Carol mencionou diversas vezes ao longo dos quatro dias seguintes como era importante para ela manter a casa arrumada e organizada. Tom concordou, mas conseguiu ignorar o fato de que sua mala ainda estava desfeita e suas coisas não estavam bem organizadas.

Certa tarde, Carol subiu e encontrou Tom lendo um livro. Ela viu que ele não tinha feito nada para organizar suas coisas. Ela começou a sentir sua irritação e então se lembrou da frase "Eu notei". Em vez de reclamar, ela disse: "Tom, notei que você não desfez a mala e não colocou as coisas nas prateleiras. Você gostaria que eu te ajudasse?".

Tom imediatamente se lembrou de seu compromisso de apoiá-la tanto quanto pudesse durante esse período desafiador para Carol. Em vez de explicar ou dar desculpas, ele respondeu: "Querida, sinto muito. Eu realmente pretendia fazer isso antes porque sei o quanto é importante para você manter a casa arrumada. Farei isso agora mesmo".

Tom: No passado eu teria dado uma desculpa ou alguma justificativa para não guardar minhas coisas; o que certamente não teria ajudado nada nem ninguém. Eu realmente amo minha esposa e quero ser o mais prestativo e solidário possível. Estou inspirado por seu compromisso de ter harmonia em nosso relacionamento durante seus próprios momentos desafiadores e lembrar de usar "Eu notei". O exemplo dela me inspirou a agir de uma maneira mais solidária.

DINHEIRO CONTA

"Os casais não podem ganhar com dinheiro, a menos que façam um orçamento em comum."
— Dave Ramsey, autor de *The Total Money Makeover*

"Se tivéssemos duas contas bancárias, uma poderia cobrir a outra..."

Muitos casais não reservam tempo para conversar sobre dinheiro antes de se casarem e depois aprendem que eles têm visões diferentes que criam conflito. Alguns não pensaram em seus próprios valores e, em vez disso, usam o *pensamento mágico* sobre dinheiro. A abordagem de uma pessoa sobre o dinheiro geralmente está relacionada à abordagem dos pais. Alguns podem querer continuar o que aprenderam com os pais, e outros querem exatamente o oposto. Eles não percebem os problemas em que podem se meter quando não identificam nem conversam sobre suas visões finaceiras.

 Diário reflexivo

- Crie um lema que descreva como seus pais lidavam com o dinheiro. Exemplos: "Não gaste mais do que ganha". "Aproveite o que você tem agora e preocupe-se mais tarde em como conseguir mais." "Economize um pouco, gaste um pouco, dê um pouco." "Nunca haverá o suficiente."
- Como o lema da sua infância está ajudando ou prejudicando você e seu relacionamento? Qual lema você gostaria que fosse o seu?
- Como a sua abordagem em relação ao dinheiro se relaciona com a do seu parceiro? Qual é o lema do seu parceiro? Seus lemas são compatíveis? Se não, use a sua Reunião de casal para focar as soluções.
- Faça um *brainstorming* sobre quais valores e objetivos melhorariam o seu relacionamento.
- Como o dinheiro é um dos maiores motivos para o divórcio, procure aconselhamento se precisar de mais apoio.

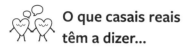 **O que casais reais têm a dizer...**

Robert e Doris (Arizona): Aprendemos que nossas percepções sobre o dinheiro estão profundamente enraizadas desde a infância e que nossas reações vêm dessas percepções. O dinheiro era escasso e nossas famílias não podiam gastá-lo em coisas frívolas como férias, coisas boas, luxos etc. O que é interessante é que nós dois lidamos com isso de forma diferente. Robert se sentiu privado de *coisas* quando criança e por isso deseja coisas boas para se sentir bem-sucedido. Porém, quando compra algo para si, ele se sente culpado. Ele também pode ficar com raiva se sentir que alguém está tentando controlar suas compras ou seu dinheiro. Ele sente que tem que proteger seus desejos e se esforça para lutar por eles.

Doris aprendeu a valorizar o que tinha e a não pedir coisas *melhores*. Bom o suficiente *realmente* era bom o suficiente. Quando criança, ao se deparar com o desejo de algo para o qual não havia dinheiro, ela tentava encontrar uma solução criativa para fazer algo semelhante.

Ainda hoje estávamos conversando sobre o carro de Robert que está precisando de reparos. Discutimos o custo, o tempo de uso do carro etc. Robert estava pensando: "Humm, talvez seja hora de comprar um carro mais novo". Doris compartilhou uma ideia em voz alta: "Nosso filho irá para a faculdade em alguns meses e você poderá usar o carro dele por um tempo". Doris sentiu a frustração ou raiva de Robert e não entendeu sua reação. Doris pensou: "Que solução inteligente!". Robert pensou: "Ela está tentando controlar meu dinheiro e minhas compras!".

Usamos a ferramenta Dinheiro conta e ela trouxe muita consciência para nós dois. Somos um casal há mais de 20 anos e aprendemos muito a respeito da percepção um do outro sobre dinheiro na infância e por que nos comportamos e sentimos dessa maneira! Isso esclareceu muito nossa conversa sobre o carro no início do dia!

Também descobrimos que muita culpa está associada ao nosso dinheiro, porque nos diziam constantemente para ficarmos sem ele quando crianças, por isso, quando compramos algo para nós mesmos, nos sentimos culpados.

Decidimos realizar estas ações:

a. Agradecer a Deus pelo que temos.
b. Apreciar conscientemente nossas vidas.
c. Trabalhar dentro do orçamento e economizar mais.
d. Ensinar nossos filhos a lidar melhor com o dinheiro.

Nadine e Bernard (Paris, França): Os pais de Bernard não contam dinheiro; eles gastam no dia a dia e não têm um orçamento planejado. Prazer antes da sabedoria; eles são impulsivos. Eles sempre conseguem administrar isso e não têm dívidas. Lema: *Gaste agora, nós administraremos*. O benefício é ser espontâneo e adicionar tempero à vida; que nós dois gostamos; porém, Bernard fica ansioso porque não sabe como será o amanhã e gostaria de mudar o lema para: *Gaste se puder.*

A mãe de Nadine pode ser muito cuidadosa com seu dinheiro ou muito generosa. E ela tem medo de não ter dinheiro. Ela nunca gasta mais do que tem e, prudentemente, sempre mantém uma reserva. Lema: *Não gaste mais do que você tem*. O benefício é se sentir seguro. Nadine fica ansiosa porque não sabe quanto tem.

Ela gostaria de poder dizer: "Sei quanto posso gastar"; no entanto, ela também gosta da diversão de ter algo não planejado.

Decidimos revisar todas as nossas despesas para saber exatamente o que precisamos orçar todos os meses, o que sobra para extras e onde podemos economizar.

Bernard se sente melhor com isso. Nadine se sente melhor, mas ainda ansiosa porque o plano não levou em conta algumas despesas. É um processo em andamento e precisamos conversar sobre isso regularmente em nossas reuniões de casal.

Essa ferramenta nos ajudou a apontar como cada um de nós funciona e também ajudou para uma compreensão mais profunda de nós mesmos e de nosso relacionamento.

TAREFAS DOMÉSTICAS

"Você quer que eu te ajude com a louça?... Deixe-me explicar sobre força de trabalho e gestão..."

Muitos anos atrás, saiu um artigo na *MS Magazine* sobre um casal que morava junto há 5 anos. Eles não caíram nas expectativas de papéis tradicionais – até se casarem. Após o casamento, ele esperava que ela assumisse *papéis femininos* tradicionais, e ela esperava que ele assumisse *papéis masculinos* tradicionais – como se esses papéis estivessem vinculados à certidão de casamento. Em três meses, eles acumularam tanto ressentimento que estavam pensando em divórcio.

Para muitos casais, as tarefas domésticas não são discutidas abertamente. Evitar conversas sobre expectativas pode levar à decepção e ao ressentimento. Isso é especialmente verdadeiro se cada parceiro cresceu em famílias com estilos de divisão de tarefas diferentes.

A harmonia e o respeito são mantidos quando as responsabilidades domésticas são discutidas e compartilhadas. Considere acrescentar Tarefas domésticas à pauta da reunião de casal. A atividade Diário reflexivo a seguir pode ajudar a iniciar o *brainstorming*.

Parceria respeitosa

 Diário reflexivo

- Você está satisfeito com o estado atual das suas tarefas domésticas? Por que sim ou por que não?
- Compartilhe com seu parceiro e crie uma lista de tarefas domésticas.
- Juntos, decidam quem está disposto a realizar cada tarefa. Evite expectativas de papéis de gênero. Não presuma que é sempre função da mulher limpar e do homem levar o lixo para fora.
- Para alguns casais, é útil fazer um rodízio para que uma pessoa não se torne o eterno responsável por jogar o lixo ou a pessoa que faz a limpeza. Outros casais preferem ter rotinas consistentes. Talvez vocês possam encontrar uma maneira de conversar um com o outro de vez em quando. Faça Reuniões de casal para avaliar acordos e alterá-los quando necessário.

 O que casais reais têm a dizer...

Heidi (Califórnia): Estava perto das festas de fim de ano quando escolhemos essa carta do baralho. Estávamos discutindo o quanto precisávamos fazer a fim de nos preparar para receber visitas. Eu estava muito doente e Jason se empenhava muito para terminar um trabalho antes das férias. As tarefas domésticas estavam aumentando. Decidimos dar uma olhada em como essa ferramenta poderia nos ajudar a encontrar uma solução que funcionasse para os dois.

Lista de tarefas de Joel:
- Tirar o lixo de casa e deixar os sacos de lixo na calçada no dia da coleta
- Passar aspirador de pó
- Limpar os banheiros
- Lavar a roupa (incluindo toalhas, lençóis etc.)
- Fazer algumas compras
- Grelhar carnes
- Manutenção: trocar filtros de aquecedores, lixo, limpar carros, trocar lâmpadas etc.

Lista de tarefas de Heidi:
- Lavar a louça
- Limpar a sala de jantar
- Pagar contas/administrar o dinheiro/cuidar de questões financeiras
- Limpar o quarto de K
- Arrumar as camas
- Passar aspirador de pó
- Checar as correspondências e as contas
- Cozinhar
- Cuidar do gato/agendar veterinário/aplicar remédio contra pulgas/dar comida/comprar remédios
- Agendar consultas (dentista, clínico geral, oftalmologista etc.)
- Limpar os banheiros
- Fazer compras de alimentos e diversos

Pensamos nas mensagens que recebemos sobre os papéis em nossas famílias durante nossa infância. Isso foi difícil porque nós dois vivenciamos diferentes traumas de infância que às vezes tornam difícil lembrar os sentimentos de nossa infância. Nós tentamos pensar em alguns exemplos para ajudar um ao outro a lembrar... por exemplo, quem cozinhava? Quem cortava lenha? Qual foi o sentimento em relação ao trabalho na família? Foi mais fácil para nós começarmos com uma breve discussão antes de escrever sobre as tarefas.

Diário reflexivo de Joel
- Mamãe fazia *tudo na casa*: cozinhava, limpava, lavava, fazia compras, pagava contas etc.
- Meu padrasto *fazia tudo fora de casa*: cortava lenha, limpava os carros, mas nunca os consertava, fazia churrasco, cuidava do quintal.
- Papai não estava muito por perto.
- Sentimentos: sentia-me confortado.
- Crenças/decisões: as mulheres cuidam da casa. Os homens lidam com coisas externas.
- Descobertas: todo mundo trabalhava. Os homens estavam quase sempre ausentes da minha vida. O trabalho no quintal e outras tarefas domésticas eram castigos em nossa família. Mamãe era a única pessoa consistente em minha vida.

Diário reflexivo de Heidi
- Papai era o provedor na minha percepção. Embora eu me lembre de minha mãe trabalhando muito, mas não percebia o trabalho dela tão importante quanto o trabalho do meu pai.
- Lembro-me que meus pais trabalhavam muito e muitas vezes ficavam fora de casa durante meus anos de ensino fundamental e médio.

- Meu pai cortava madeira, matava e tirava a pele de cobras, construía deques, trabalhava em nossas casas, trabalhava nos carros etc.
- Minha mãe fazia as coisas que tinham a ver comigo e com minha irmã: roupas, cabelo, aulas de dança etc.
- Muitas vezes arrumávamos a casa em família com música alta e parecia divertido.
- Sentimentos: solitária porque meus pais estavam fora e muito ocupados.
- Crenças/decisões: papai faz o *trabalho pesado*/trabalhos importantes, e todos trabalham duro e contribuem. Quando as coisas ficam loucas ou corridas, todos trabalham bastante. Esperava-se que todos estivessem ocupados e trabalhando. Existiam papéis claros para mulheres e para homens. "As mulheres agem com calma, sentam-se com cuidado etc."
- Descobertas: eu me mantenho ocupada e tendo a ver os outros como preguiçosos se não estiverem trabalhando e fazendo alguma coisa em casa com a maior frequência possível.

A limpeza e os trabalhos domésticos eram castigos na família de Joel. Não consideravam que fazia parte da família nem eram vistos como uma contribuição de cada membro da família. Joel percebeu que, à medida que se tornava adulto, a sua confiança e sentimentos de capacidade para lidar com as tarefas adultas, que incluíam gerir a sua vida como adulto (dinheiro, compras, emprego), foram significativamente afetados. Ele levou muitos anos em sua vida adulta para descobrir como administrar sua casa e cuidar de si de maneira eficaz. Joel observou que isso provocava sentimentos de raiva, vergonha e até timidez ou falta de confiança.

Percebi que eu também tinha dificuldade com aquelas coisas que pareciam ser função do meu pai. Limpar a casa nem sempre é divertido, mas a mensagem que aprendi foi que as tarefas domésticas são responsabilidade da família.

Joel e eu descobrimos que algumas das expectativas de papel de gênero que adotamos desde a infância eram boas para nós em nossa família, e algumas das funções que atribuímos um ao outro e a nós mesmos funcionam para nós e nos sentimos bem.

Em nossa discussão, percebemos que era importante para nós que modelássemos para nossa filha que as tarefas domésticas são o que fazemos como família para cuidar uns dos outros e de nossa casa para o bem maior de todos. Não queremos que ela sinta que limpar ou cuidar de nossas responsabilidades familiares são punições. Queremos que ela se sinta capaz, responsável e capacitada agora e quando chegar a hora de cuidar sozinha dos obstáculos e tarefas da vida.

Soluções respeitosas: criamos uma lista de tarefas que são respeitosas para cada um de nós. Nós as escrevemos e as colocamos na geladeira. Apreciamos muito colocar tudo na mesa, então não ficamos pensando quem faria o quê. Além disso, ficamos gratos por ter um plano em vigor sobre como as tarefas serão realizadas. Esperamos ajustar nossa lista conforme necessário.

Finalmente, embora essa atividade parecesse bastante simples, ajudou-me a perceber o quanto aprecio o meu marido. Compreender o quanto ele cresceu e aprendeu sozinho quando adulto e conecta com minha verdadeira gratidão por tê-lo em minha vida e por podermos aprender e crescer um com o outro. Incrível!

♥

Gail (Nova York): Este foi um ponto muito delicado para mim. Cresci em uma casa onde se você cozinhava, não lavava a louça. Rick cresceu em uma casa onde sua mãe e as mulheres da casa sempre cozinhavam e sempre limpavam, e essa era a expectativa dele em nossa casa. Comecei a ficar ressentida porque o jantar quase sempre era minha responsabilidade e lavar a louça sempre era 100% minha responsabilidade. Em vez de ter uma comunicação respeitosa sobre meus sentimentos, comecei a brigar. E a coisa esquentou e nós dois nos sentimos péssimos depois.

Depois de nos acalmarmos e passado algum tempo, pudemos conversar sobre a louça. Acontece que Rick ficava feliz em cuidar da louça depois do jantar se pudesse colocar as coisas na máquina de lavar louça. Eu tinha certas panelas e frigideiras que não queria lavar na máquina de lavar louça. Se Rick estivesse cozinhando, ele não escolheria usar aquelas panelas e frigideiras. Então, combinamos que, se eu decidisse preparar o jantar com aquelas panelas e frigideiras, eu as lavaria. Rick ficava feliz em colocar todo o restante na máquina de lavar louça e limpar a bancada. Rick também gosta de preparar grelhados, então ele assumiu a responsabilidade de preparar o jantar na grelha algumas noites. Ele até começou a fazer algumas receitas. Ter uma comunicação respeitosa foi definitivamente mais produtivo e gratificante do que discutir ou deixar o ressentimento crescer. Usar essa ferramenta para ter uma conversa consciente sobre as tarefas domésticas também nos ajudou a reconhecer o quanto compartilhamos responsabilidades e a disposição que ambos temos para atingir esses objetivos juntos.

9
Crescer juntos

UMA RELAÇÃO SAUDÁVEL E FELIZ não é estática. Ela cresce e evolui conforme a vida muda e se transforma. O crescimento nem sempre é fácil. Como você já explorou nos capítulos anteriores, às vezes ele exige uma mudança de perspectiva pessoal, questionar o que realmente importa ou abrir mão de coisas às quais você se apegou, muitas vezes sem perceber.

Pesquisas mostram que, além de fazer bem para a alma, a qualidade dos seus relacionamentos tem o maior impacto na sua saúde e longevidade. O estudo de Harvard conhecido como Grant e Glueck, o mais longo estudo longitudinal da história, revelou que relacionamentos sólidos ajudam o sistema nervoso a relaxar, mantêm o cérebro saudável por mais tempo e reduzem dores físicas e emocionais. Esse estudo acompanhou 724 homens de diferentes contextos socioeconômicos por mais de 75 anos. George Vaillant, diretor do estudo entre 1972 e 2004, identificou dois componentes fundamentais para uma relação saudável: "Um é o amor. O outro é encontrar uma forma de lidar com a vida que não afaste o amor". Não basta encontrar o amor. Um relacionamento saudável precisa ser cultivado de forma a encorajar a conexão diante dos desafios, inspirar a autorreflexão em benefício de ambos os parceiros e buscar compreender além das palavras ou situações.

As ferramentas deste capítulo oferecem suporte para que você estabeleça sua intenção de evolução no relacionamento. Sinta-se à vontade para revisitar essas e todas as ferramentas deste livro sempre que quiser. Muitas pessoas percebem que os resultados de uma mesma atividade mudam conforme o relacionamento se transforma. A beleza das ferramentas do livro *Casais felizes permanecem juntos* está justamente em proporcionar novos ou mais profundos *insights* cada vez que você as pratica.

CONSEQUÊNCIAS NATURAIS

"Cometer um erro não é tão importante quanto o que fazemos a respeito dele depois."
— Rudolf Dreikurs

"Ah, sim, minha boca também dói...
acho que trocamos nossas dentaduras de novo."

As consequências naturais acontecem como resultado das escolhas que você faz. Se você esquecer o casaco, vai sentir frio. Se não dormir o suficiente, pode se sentir cansado no dia seguinte. Se não olhar um mapa ou pedir orientação, pode se perder. Se usar a dentadura errada, vai sentir dor na boca.

Você desenvolve coragem e resiliência quando tem permissão para vivenciar as consequências das suas escolhas com apoio amoroso. Quando seu parceiro estiver enfrentando as consequências naturais, evite dizer: "Eu te avisei". Demonstre empatia: "Parece que você está se sentindo envergonhado com o modo como as coisas aconteceram".

Seja acolhedor sem resgatar, consertar ou julgar. E acredite na capacidade do seu parceiro de aprender com os erros sem precisar de ajuda (além de escutar e demonstrar empatia) de sua parte. Isso permitirá que o outro cresça como pessoa e que os dois se aproximem ainda mais como casal.

 Diário reflexivo

- Como você reage aos erros do parceiro? Você resgata/resolve? Você repreende/dá um sermão? Você desculpa? Escreva sobre como você tem abordado os erros do outro e, em seguida, crie um plano de como você responderá no futuro.
- Que ferramentas você poderia usar? Às vezes, validar os sentimentos do seu parceiro já é o suficiente. "Eu consigo perceber que você está desapontado." Perguntas curiosas também podem ser úteis: "Como você se sente em relação a isso?" Escuta ativa é uma maneira poderosa de oferecer apoio.
- Resista à tentação de resgatar/resolver/repreender/dar sermão/desculpar/explicar/etc. Confie que seu parceiro pode lidar com as consequências naturais das ações dele e crescerá com a experiência.

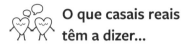 **O que casais reais têm a dizer...**

Tanya (Nova Jersey): Eu fui uma esposa do tipo "Eu te avisei" por 18 anos. Eu achava que era parte da descrição do trabalho de esposa apontar o resultado das decisões erradas do meu marido – sem perceber o quão isso nos prejudicava. Deixar que os erros dele acontecessem não era uma opção na minha cabeça, porque eu estaria ocupada demais tentando fazer com que ele soubesse exatamente como eu me sentia sobre o que deu errado.

Agora sei que isso não era útil e certamente não ajudava a resolver nenhum problema. Não surpreende que, quando eu cometia um erro, ele também fosse rápido em julgar.

Quando descobrimos que estávamos, na maioria das vezes, chateados porque não queríamos desapontar um ao outro ou sentíamos que havíamos decepcionado o outro, pudemos nos concentrar em demonstrar empatia ou oferecer um abraço. Aprendemos que está tudo bem permitir que o outro experimente as consequências dos próprios erros sem fazer com que se sinta pior.

♥

Tom e Carol (Nova York): Isso me fez pensar, com grande apreciação, sobre as vezes em que minha esposa me avisou sobre um investimento ou certas pessoas. Houve várias vezes em que ignorei a "intuição" dela e acabei experimentando consequências negativas. O que estou aprendendo é a "prestar atenção" na intuição da minha esposa e a levar isso a sério. Também sou grato porque ela nunca disse "Eu te avisei".

Eu me sinto muito sortudo por ter uma parceira compassiva e compreensiva. Também sinto que, porque ela não forçou a barra, em especial quando eu estava sendo teimoso, eu realmente aprendi a lição das consequências naturais de uma maneira mais profunda.

Gail (Nova York): Um dia, Rick perdeu a paciência com um dos nossos filhos e gritou bastante. Eu percebi que ele se sentiu péssimo depois disso. Meu primeiro instinto foi tentar fazer com que ele se sentisse melhor dizendo: "Está tudo bem". Mas realmente não estava tudo bem, e eu percebi que ele não estava bem com isso. Depois de ter lido essa ferramenta, confiei que ele poderia lidar com seus sentimentos. Então, eu validei os sentimentos dele dizendo: "Eu consigo perceber que você está muito chateado com o que aconteceu mais cedo. Eu me sinto da mesma forma quando perco a paciência com nossos filhos". Ele pareceu aliviado por eu não ter aumentado a vergonha que ele já sentia. Depois de um tempo, ele se sentou com nosso filho para pedir desculpas e conversar sobre o que aconteceu. Eu acho que todos se sentiram melhor depois disso.

COMPARTILHE SUAS EXPECTATIVAS

Esperar que seu parceiro leia sua mente cria um cenário perfeito para a decepção — a sua.

"Ela disse que eu posso voltar para casa quando eu souber o que fiz de errado."

Você fica chateado quando o outro não consegue ler sua mente? Está pronto para reconhecer o quão ridículo isso é? Em vez de punir seu parceiro por não saber o que você quer, compartilhe o que deseja e por que isso é importante para você. Cada pessoa tem suas próprias preferências, objetivos, motivações e valores, o que gera expectativas diferentes em um relacionamento.

Quando você assume que seu parceiro tem as mesmas expectativas que você ou deveria saber quais são as suas, você está se preparando para a decepção. Frequentemente não é falta de amor, mas falta de comunicação que cria conflitos em torno de expectativas não atingidas.

 Diário reflexivo

- Escreva sobre uma expectativa que sente que não foi atendida e por que ela é importante para você.
- Com um tom de voz respeitoso e amoroso consigo mesmo e com seu parceiro, pergunte se está com disposição para entender e atender às suas expectativas.
- Se ele concordar, pergunte se está bem fazer lembretes respeitosos (lembre-se de que os seus desejos podem não ser os mesmos). Faça esses lembretes com amor por si mesmo e pelo outro – sem ressentimentos.
- Expresse uma apreciação genuína quando você receber o que quer (e perdoe quando não receber).

 O que casais reais têm a dizer...

Bart e Penny, Sydney, Austrália: Foi hilário. Penny e eu estávamos em um jantar romântico e decidimos levar algumas dessas cartas de ferramentas para usar durante o jantar (que dedicados, não é?!). Enfim, decidimos explorar uma parte relativamente desconhecida da cidade e escolher um lugar adequado para tomar uma bebida e jantar. Depois de caminharmos um pouco, acabamos em um bar, mas estava muito cheio e eu sugeri procurar outro mais tranquilo. Então, voltamos e encontramos um com mesas no interior, em vez de externas, voltadas para o porto. Penny ficou desapontada.

Quando nos sentamos para começar a ferramenta das Expectativas, começamos a rir quando lemos o primeiro ponto — Você fica triste quando o outro não consegue ler a sua mente?

Acho que, depois de 15 anos juntos, há uma certa expectativa de que cada um vai fazer isso, o que, claro, é perigoso. Se Penny tivesse me dito: "Querido, eu realmente quero ficar lá fora", eu não teria sugerido o segundo bar.

Tivemos uma discussão interessante sobre lembretes. Eu tendia a ficar defensivo quando Penny me lembrava de algum acordo etc. Tenho certeza de que isso desperta o meu crítico interno! Essa ferramenta me lembrou que sou eu quem precisa superar isso!

Daniella (Guayaquil, Equador): Uma das minhas fraquezas é esperar que meu marido saiba o que eu quero que ele faça ou diga. Isso me trouxe muita decepção, ressentimento e raiva, e por isso escolhi trabalhar nessa ferramenta. Sei que preciso aprender a expressar minhas necessidades pessoais com respeito.

Eu costumava pensar que, se meu marido não fizesse algo por mim, era porque ele não me amava o suficiente. Então, para usar essa ferramenta, eu preciso trabalhar nas minhas crenças primeiro, e depois posso explicar minhas expectativas. Isso torna tudo mais fácil.

Mike e Laney (Califórnia): Antes de Mike e eu começarmos essa ferramenta, precisamos escolher quais expectativas discutir. Por exemplo: visões políticas, criação de filhos, *hobbies*, crescimento pessoal ou finanças — só para citar algumas. Depois de quase 20 anos juntos, poderíamos ter falado sobre uma série de expectativas diferentes.

Estávamos lidando com os tópicos listados e, sejamos francos, temos expectativas diferentes sobre todos eles. Sabemos que é só uma questão de tempo até precisarmos realmente discutir todos. Para começar, eu queria escolher um tópico que não fosse muito controverso ou que fizesse qualquer um de nós ficar defensivo.

Decidimos começar nossa conversa com a rodada de apreciações. Isso agora é fácil para nós, depois de praticarmos reuniões de casal e de família. Fazer elogios sempre ajuda a criar um clima positivo e a quebrar possíveis barreiras defensivas.

Comecei com a minha expectativa de querer poder compartilhar o crescimento pessoal juntos. Eu vi que ele ficou um pouco desconfortável. Ele foi gentil o suficiente para perguntar: "O que você quer dizer exatamente?".

Eu compartilhei o quanto amava quando ele ouvia Wayne Dyer em áudio, e eu via a mudança na atitude dele. Ele ficava mais paciente e otimista de modo geral. Eu ouvia Wayne Dyer desde os oito anos e sentia que poderíamos nos relacionar de uma maneira mais profunda e até mesmo fazer pequenas referências de citações dele, como: "Ele é uma águia ou é um pato total". Mesmo que eu tenha usado esses termos no passado, ele nunca sabia o que eu estava falando, e quando eu tentava explicar como Wayne dizia, não era tão engraçado ou ele simplesmente não entendia (que as águias – mesmo quando elas não fazem sentido).

Mike concordou que gostava de ouvir Wayne Dyer, e ele também percebeu a mudança na atitude dele e a conexão que compartilhamos. Ele admitiu que ouvir CDs de "autoajuda" ou ler livros nunca foi prioridade para ele; e como ele sabia o quanto isso significava para mim, faria disso uma prioridade, ouvindo pelo menos um livro novo por mês.

Mike então compartilhou sua expectativa sobre "segurança". Ele disse: "Eu aprecio o fato de que você é descontraída e tranquila quando nossos filhos estão sendo aventureiros e muitas vezes destemidos. Talvez seja porque eu vejo muita notícia e estou mais preocupado com o que 'poderia' acontecer. Em outras palavras, sou cauteloso e quero proteger nossos filhos e mantê-los fora de perigo sempre que possível". Ele continuou: "Eu entendo que você também é destemida (essa é uma das qualidades que me atraiu em você) na maioria das situações. No entanto, em outras situações, isso me preocupa em relação à segurança dos nossos filhos".

Mike me lembrou da situação mais recente, quando outra mãe e eu conversamos sobre fazer com que nossos filhos mais velhos voltassem para casa sozinhos da escola. Estávamos ocupados coordenando todos os detalhes sobre aonde eles iriam e onde nós os pegaríamos. Quando ouviu nossa conversa, ele disse: "Espera aí – eles vão fazer o quê? Ninguém se preocupou em me perguntar ou conversar comigo sobre isso".

Eu fiquei surpresa que ele não estivesse animado com a ideia de facilitar a volta da escola do nosso filho de 11 anos e tornar isso mais fácil e conveniente, além de que ele poderia encontrar com seus amigos para se conectar e se exercitar. Eu deduzi que, como moramos em um bairro seguro, não havia nada com o que se preocupar.

Ele ficou irritado por não ter sido pelo menos parte do processo de decisão e que precisaríamos conversar com nosso filho sobre ficar com seus amigos e garantir que um deles tivesse um telefone para emergências. Ele também queria fazer o caminho para pelo menos saber onde nosso filho estaria e quanto tempo levaria.

O ponto principal é que ele tinha a expectativa de ser parte do processo de decisão e de poder responder todas as perguntas do tipo "e se".

Aprendemos que eu tenho a expectativa e a suposição de que ele confiará em mim para tomar decisões razoáveis, e ele tem a expectativa e a suposição de que deve fazer parte do processo de comunicação sempre que se trata dos nossos filhos e da segurança deles.

A carta nos ajudou a nos comunicar respeitosamente e a termos uma maior apreciação pelas expectativas um do outro. Talvez devêssemos discutir essa carta toda semana.

♥

Angela (Nova York): Jordan e eu sempre nos reunimos com muitos famíliares no Natal. No primeiro Natal depois que nosso terceiro filho nasceu, muitas pessoas estavam doentes. Parecia que todo mundo que conhecíamos estava com alguma coisa. Eu não me sentia confortável com o bebê sendo passado de mão em mão, algo que normalmente eu não me importaria. A família de Jordan é muito sociável e eu sabia que, quando nos reuníssemos, as pessoas iriam querer segurar o bebê. Eu expressei minhas preocupações para Jordan e fiquei um pouco surpresa e aliviada quando ele compartilhou as mesmas preocupações. Ele me disse que estava 100% de acordo.

No próximo encontro de família, fiquei surpresa ao entrar na sala e ver o bebê sendo passado de mão em mão enquanto Jordan estava sentado no sofá. Para ser honesta, eu fiquei com raiva. Felizmente, tivemos a oportunidade de discutir o assunto alguns dias depois, antes de irmos para outro encontro de família. Eu lembrei dessa ferramenta e compartilhei com Jordan como me senti no último encontro, como se ele tivesse abandonado nosso acordo. Ele me disse que achava que eu havia mudado de ideia ou que teria falado na hora. Eu compartilhei com ele que sinto que sou sempre a pessoa que estabelece esses limites com a família dele e eu realmente apreciaria se ele também os verbalizasse, especialmente quando já tivéssemos discutido sobre isso com antecedência. Perguntei se ele estaria disposto a me ajudar a garantir que o bebê não fosse passado de mão em mão e a explicar para a família dele o motivo disso no próximo encontro familiar. Ele concordou e fez isso. Eu fiquei aliviada e senti ainda mais gratidão pela nossa capacidade de nos comunicar sobre esse tipo de coisa.

CRIAÇÃO DE FILHOS

"E mais uma coisa... quando aprender a falar, você pode realmente jogá-los um contra o outro..."

Estilos parentais diferentes geralmente não aparecem até que os filhos cheguem. Um tende a ser muito gentil (flexível, permissivo). O outro tende a ser muito firme (rígido, contlador). O adulto mais flexível acha que precisa ser ainda mais permissivo para compensar o adulto mais rígido. O adulto mais rígido acha que precisa ser ainda mais firme para compensar o adulto permissivo – e com isso, eles acabam se afastando mais e brigando sobre quem está certo e quem está errado. E, na verdade, os dois estão errados. Os filhos rapidamente aprendem a manipular os pais um contra o outro.

Seus filhos estão aprendendo sobre relacionamentos com você. O que você quer que eles aprendam? Evite brigar sobre quem está certo ou errado. As crianças merecem vivenciar um modelo de relacionamento respeitoso e feliz. Esse é um dos melhores presentes que você pode dar a elas.

Vale ressaltar que discordar não é algo ruim. Pode ser uma oportunidade de mostrar aos filhos que desacordos podem ser discutidos e resolvidos com respeito. Não é útil discordar na frente das crianças sobre como lidar com elas. Casais que criam os filhos juntos são mais felizes juntos.

Considere fazer (ou refazer) um curso de Disciplina Positiva para Pais.

Diário reflexivo

- O que você quer que seus filhos aprendam sobre relacionamentos amorosos (você pode encontrar dicas úteis no seu Mapa do relacionamento)?
- O que você está modelando atualmente para seus filhos sobre relacionamentos amorosos? Lembre-se de que modelar para nossos filhos vai muito além do que dizemos ou explicamos. As crianças são observadoras atentas.
- As listas citadas estão alinhadas? Se não, que mudanças você poderia fazer? (Dica: muitas das ferramentas que você está praticando neste livro são ótimos exemplos de como modelar para os seus filhos). Considere colocar essas mudanças (ou estilo parental de modo geral) na pauta da Reunião de casal para discussão.

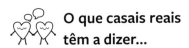

O que casais reais têm a dizer...

Tanya e Ken (Califórnia): Ken e eu temos três filhos de 10, 14 e 16 anos. Nossos estilos parentais são bem diferentes. Ele é considerado o pai "bonzinho" e eu sou vista como a mais firme. A verdade é que nós dois éramos mais gentis do que firmes até começarmos a aplicar a Disciplina Positiva há três anos.

Criar nossos filhos com a Disciplina Positiva fez toda a diferença na nossa relação. Recentemente, tivemos um dos momentos mais orgulhosos como pais quando trabalhamos juntos para lidar com uma grande crise emocional do nosso filho de dez anos. Ken estava tendo dificuldade para encontrar uma solução e ficou bravo com nosso filho. Perguntei se podia ajudar e, a partir daí, fomos nos ajudando mutuamente. Mantivemos a calma, identificamos o possível motivo do desentendimento, validamos os sentimentos do nosso filho e seguimos os passos para reparar a situação.

Foi incrível trabalhar juntos com a filosofia de ser gentil e firme ao mesmo tempo. Tivemos uma experiência que fortaleceu nossa união como equipe. O resultado foi uma criança que se sentiu amada, segura e com limites claros. Mesmo exigindo tempo e paciência, foi uma grande lição para todos nós!

♥

Mónica (Lima, Peru): Meu marido também decidiu se tornar Educador Parental Certificado em Disciplina Positiva para estarmos na mesma sintonia. Isso nos ajuda muito a nos apoiar nos momentos difíceis da criação de filhos. Estar alinhados faz toda a diferença na maneira igual como orientamos nossas filhas.

Lembro-me de uma vez que minha filha de cinco anos veio chorando, dizendo que o papai havia gritado com ela. Sugeri ao meu marido que apenas ouvisse nossa filha, mas com o "olho no olho". Mesmo ainda um pouco irritado, ele se ajoelhou, olhou nos olhos dela e ouviu com atenção. Foi lindo vê-los se reconectarem e resolverem o problema juntos.

O fato de ambos conhecermos os princípios da Disciplina Positiva nos ajuda a nos acompanhar e apoiar como pais, a desfrutar mais das nossas filhas e a estar mais conscientes do nosso papel na educação delas.

Amber: Além de ser neta da Jane, tornei-me Educadora Parental Certificada em Disciplina Positiva quando nosso primeiro filho ainda era bebê. Eu não fui criada em um ambiente 100% de Disciplina Positiva. Meu pai é o filho mais velho da Jane, e como minha avó diz, foi um dos seus filhos "pré-Disciplina Positiva". Mesmo assim, tive contato com os princípios da Disciplina Positiva durante a infância. Quando reencontrei esses conceitos e as ferramentas como mãe, tudo fez muito sentido para mim.

No entanto, isso virou motivo de conflito com meu marido, que foi criado com ainda menos exposição à Disciplina Positiva do que eu. Lembro-me de um dia em que ele disse: "Ah, volta para os livros da sua avó". Percebi, então, que ele sentia um certo ressentimento e me via como uma "especialista" que não estava aberta ao diálogo. Eu percebi que a maneira como eu estava compartilhando a Disciplina Positiva (porque meu marido nunca foi a um *workshop* ou leu um livro) era como uma professora e não como uma parceira. Isso nunca foi minha intenção, mas era assim que ele percebia. E uma coisa interessante é que meu marido praticava muitos dos princípios da Disciplina Positiva de forma natural, melhor do que eu, sem sequer conhecê-los! Ele era muito bom em coisas que eu tinha dificuldade. Depois que compartilhei isso com ele, passei a confiar mais no seu jeito e parei de tentar "ensinar". Comecei a apenas compartilhar meus sentimentos e preocupações sobre nossa família. Ele também começou a compartilhar os dele, e juntos passamos a encontrar soluções ou pelo menos ideias sobre como agir. Anos depois, temos uma comunicação muito mais orgânica sobre criação de filhos, e nosso relacionamento ficou ainda mais forte.

♥

Anônimo: Um dia, meu filho de sete anos disse que lavar a louça não era trabalho de menino. Fiquei surpreso e perguntei por que ele achava isso. Ele respondeu: "Porque você trabalha e a mamãe cuida da casa". Minha esposa ficou em casa para cuidar dos nossos filhos – algo que conversamos bastante antes de decidir juntos que ela pararia de trabalhar fora de casa. Nós concordamos que seria melhor que um de nós ficasse em casa para cuidar dos filhos em vez de enviar as crianças para o berçário/escolinha e era algo que ela queria fazer. Sempre achei importante reconhecer o trabalho dela, e quando falo sobre o dinheiro da família, costumo dizer: "A mamãe e o papai trabalham muito por nossa família". Mas esse comentário do meu filho me fez refletir sobre o que estávamos mostrando, especialmente o que eu estava de fato mostrando a ele. Quando contei para minha esposa, ela sugeriu que trocássemos algumas tarefas domésticas para que nossos filhos vissem uma divisão mais equilibrada de responsabilidades. Concordei na hora. Foi um verdadeiro alerta de que nem sempre estávamos dando o exemplo que queríamos para eles.

TENHA CONFIANÇA

O homem não vê a realidade como ela é, mas apenas como a percebe, e sua percepção pode estar equivocada ou ser tendenciosa.
— Rudolf Dreikurs

"Ele me magoou e não tem a menor ideia..."

Quão bem você conhece seu parceiro? Esperamos que muitas dessas ferramentas tenham ajudado você a ir além das fantasias e falsas expectativas o conhecimento do seu parceiro em um nível mais profundo.

Ainda assim, vocês podem acabar se magoando ao interpretar algo da maneira errada ou dizer algo no tom errado.

Tenha confiança em quem você (e seu parceiro) realmente são quando não estão agindo a partir do sistema de luta ou fuga do cérebro. Com esse conhecimento, vocês podem oferecer compaixão e encorajamento um ao outro, em vez de se prenderem a falsas percepções. Seu parceiro pode ser seu maior professor se, em vez de reagir, você agir com o coração e tiver fé em si e um no outro.

Diário reflexivo

- Quando seu parceiro fere seus sentimentos, você acha que essa era a intenção dele ou dela?
- Faça uma checagem: "Meus sentimentos foram feridos. Era isso que você queria fazer?".
- Assuma a responsabilidade: "Será que eu fiz algo que te machucou e que pode ter provocado essa reação de vingança?".
- Ouça sem se defender ou se justificar.
- Finalize com: "Nós nos amamos. Vamos resolver isso juntos".

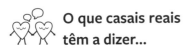 **O que casais reais têm a dizer...**

Jeanette (Utah): Meu marido, Jose, é confiável, amoroso, atencioso e romântico. No entanto, quando estamos sozinhos, às vezes ele diz coisas que ferem meus sentimentos. Quando isso acontece, eu reajo e acabo dizendo algo igualmente doloroso. Nesses momentos, não acho ele tão maravilhoso assim.

Tal ferramenta foi um grande alerta para mim. Percebi que estava me esquecendo (perdendo a confiança) de quem Jose realmente é. Eu estava ocupada demais alimentando meus sentimentos feridos. Então, da próxima vez que ele disse algo que me magoou, eu perguntei: "Isso feriu meus sentimentos. Era essa sua intenção?".

Jose ficou genuinamente surpreso e respondeu: "Não. Eu não quero ferir seus sentimentos, mas acho que entendo por que o que eu disse te magoou".

Então eu continuei: "Acho que sei o que fiz que pode ter ferido seus sentimentos e te levado a *revidar*. Você se sentiu magoado quando critiquei sua forma de dirigir?".

Jose percebeu que sim, isso tinha ferido os seus sentimentos, e ele estava apenas esperando uma chance de *revidar*, uma oportunidade de me fazer sentir *errada* da mesma forma que ele se sentiu. Havíamos criado um "ciclo de vingança", mesmo nos amando e admirando um ao outro.

Depois dessa conversa, decidimos ter mais confiança em nós mesmos e um no outro, assumindo mais responsabilidade por nossas ações e reações. Isso criou um ciclo positivo, no qual passamos a focar mais o que amamos um no outro.

DESAPEGUE-SE DO PASSADO

"A raiva é um ácido que pode causar mais dano ao recipiente onde é armazenada do que a qualquer coisa sobre a qual é derramada."
— Mark Twain

Essa pode ser uma das cartas mais importantes do baralho, pois o perdão (ou a falta dele) pode fortalecer ou destruir um relacionamento. É muito difícil estar presente no agora ou criar espaço para o futuro quando você está preso ao passado.

História inspiradora do livro *Serenidade*, de Jane Nelsen:

O marido de Sue teve um caso, e ela ficou tão magoada que queria vingança. Ela procurou um advogado e disse: "Quero feri-lo tanto quanto ele me feriu. Quero deixá-lo com o mínimo possível financeiramente e limitar seus direitos de visitação aos filhos. Vou garantir que os filhos nem queiram vê-lo".

Sue estava tão magoada e com raiva que não conseguia perceber que eram seus próprios pensamentos sobre a situação que a faziam sofrer. Felizmente, ela escolheu um advogado sábio, que perguntou: "Você quer realmente feri-lo da pior maneira possível?".

"Sim!"

O advogado então sugeriu: "Então volte e fique com ele por seis meses. Seja a melhor esposa que puder imaginar. Seja amorosa, compassiva, compreensiva, perdoe, seja carinhosa e divertida. Ele se sentirá tão sortudo por ter você que começará a amá-la ainda mais. Depois de seis meses, você pode dar entrada no divórcio, e ele se sentirá profundamente ferido emocional e financeiramente".

Sue protestou: "Eu não suportaria viver com ele por mais seis meses depois do que ele fez".

O advogado respondeu: "Então talvez você não queira machucá-lo tanto assim".

"Ah, eu quero sim!", disse Sue. "Eu vou fazer isso".

Dois anos depois, o advogado encontrou Sue na rua e perguntou: "O que aconteceu? Achei que você voltaria para pedir o divórcio".

Sue respondeu: "Você está brincando? Ele é o homem mais maravilhoso do mundo. Nem penso em deixá-lo".

Sue deve ter sido tão boa em agir com amor que, em pouco tempo, esqueceu que era apenas uma encenação e começou a sentir verdadeiramente aqueles bons sentimentos. Sentimentos positivos são extremamente contagiantes e geram mais bons sentimentos nas pessoas ao redor. As pessoas realmente mudam quando vivem em um ambiente de amor incondicional tanto ao dar quanto ao receber.

 Diário reflexivo

- A que você se apega que o impede de aproveitar o "agora" do seu relacionamento? Talvez seu parceiro tenha feito algo que o magoou. Talvez ele não esteja correspondendo à sua "imagem" de como deveria ser. Talvez a sua vida juntos não "pareça" como você esperava que fosse.
- Como adiar o perdão machuca você e seu relacionamento? Estar *certo* é mais importante do que *dar e receber amor*? Vocês permanecem juntos, mas se sentindo infelizes?
- Do que você está disposto a desapegar-se para trazer mais alegria ao seu relacionamento (e à sua vida)? Como será sua vida se você não perdoar e não deixar o passado para trás?
- Se você foi profundamente magoado, pode ser necessário buscar apoio por meio de aconselhamento.

 O que casais reais têm a dizer...

Becky e Frank (Califórnia): Um de nós no relacionamento (Becky não disse quem) tem dificuldade em deixar para trás as mágoas do passado, e isso prejudica o relacionamento quando essas coisas são trazidas à tona repetidamente.

Antes de fazer essa atividade, quando Becky se magoava com algo que Frank dizia, ela trazia mágoas do passado de seu relacionamento para usá-las como exemplos. Isso só criava mais conflito entre eles.

Agora, Becky trabalha para se manter no presente e lidar com a questão do momento. Ela usa "mensagens em primeira pessoa" para expressar seus sentimentos e tenta evitar ataques pessoais por raiva.

♥

Carol e Tom (Nova York): Conversamos sobre essa carta e como, muitas vezes, pensar em certos eventos passados traz sentimentos negativos que podem iniciar um ciclo de pensamentos negativos, nos levando a reviver o passado de uma forma que nos faz sentir mal ou infelizes.

Tom: Houve uma época dolorosa para ambos quando nossa filha estava nos afastando e não nos incluía, especialmente a Carol. Mesmo que as coisas estejam melhores agora, ainda é desafiador às vezes mudar o ciclo de pensar no passado, sentir nossa dor emocional conjunta e até falar sobre isso do jeito que lembramos, reforçando a dor e os sentimentos ruins.

Nós fizemos um acordo de que, quando qualquer um de nós perceber que estamos indo pelo caminho do passado, podemos dizer "Deixe o passado pra trás", seguido de "E eu sou grato por...", e completar a frase. Essa prática às vezes leva mais tempo do que outras, mas percebemos que quando fazemos isso passamos menos tempo nos entregando às experiências infelizes do passado.

Carol: Para Tom e para mim, foi realmente decidir quebrar o ciclo de trazer o passado à tona.

♥

Anônimo (Quito-Ecuador): Eu acredito que todo relacionamento, mais cedo ou mais tarde, tem situações dolorosas. Às vezes é difícil desapegar. Existe essa sensação estranha de perder algo se você desapegar. Mas a verdade é que quando você deixa essas situações para trás, ganha muito mais. Não é só que você perde um peso pesado e sem sentido, e isso por si só já traz liberdade; você também ganha conexão com o parceiro. É como dizer: "Eu te amo mais do que isso. Podemos fazer isso juntos".

Nós passamos por um momento difícil no nosso relacionamento e ambos cometemos erros. Um de nós estava com dificuldade em desapegar, e isso estava piorando o problema. Nós nos amávamos, mas parecia que não estávamos indo a lugar algum. Seguir os passos dessa carta realmente fez a diferença no nosso processo de perdão. Estávamos presos vasculhando o passado. Decidimos ir a um terapeuta e pedir ajuda, mas essa carta foi o primeiro passo do processo. Não poderia estar mais grato.

CRESCER JUNTOS

Nós não paramos de brincar porque envelhecemos; envelhecemos porque paramos de brincar.
— George Bernard Shaw

"Eu não sinto que nosso relacionamento está evoluindo..."

Vocês não precisam ser iguais para serem felizes juntos. (Veja Diferenças). No entanto, seu relacionamento será fortalecido se vocês crescerem juntos em áreas de interesse mútuo, enquanto apoiam o crescimento individual de cada um. Você conhece os objetivos do seu parceiro? Ele ou ela conhece os seus?

 Diário reflexivo

- Em quais áreas você vê que vocês estão crescendo juntos?
- Em quais áreas você vê que vocês estão crescendo separados?
- Conversem sobre suas listas e, juntos, pensem em ideias para crescerem juntos, em vez de separados.
- Ao conversar, tenha em mente:
- As diferenças são oportunidades para aprender um com o outro. Foque os pontos fortes das suas personalidades diferentes.
- Mostre ao seu parceiro o quanto você admira e aprecia suas qualidades.
- Concentre-se na sua própria evolução (ser quase perfeito em vez de desejar que o outro seja perfeito).

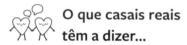 **O que casais reais têm a dizer...**

Heidi e Joel (Califórnia): A primeira coisa que fizemos ao começar essa ferramenta foi definir um para o outro o que *crescimento pessoal* significava para nós, e chegamos à conclusão de que era *nos tornarmos nossa melhor versão ao longo do tempo*. Percebemos que temos muitos objetivos semelhantes e que, na maior parte do tempo, estamos cientes dos objetivos um do outro.

Focar o nosso progresso e os planos para alcançar nossas metas foi revigorante... de uma forma que fez com que ser *egoísta* parecesse algo aceitável. Grande parte dos relacionamentos e da vida em família envolve os outros, trabalhar e planejar juntos.

Heidi: Estou aprendendo que as coisas que me ajudam a me tornar minha melhor versão também me tornam uma esposa, mãe, amiga e familiar melhor. Também percebi que compartilho muitos objetivos com o Joel, então estou animada para me concentrar em como podemos nos apoiar mutuamente nesses objetivos.

Joel: Estou aprendendo que me sinto melhor quando planejo e tenho estrutura, e que viver no improviso não está mais funcionando para mim... não está me levando aonde gostaria de estar. Fico mais feliz quando tenho estrutura e planos.

Thierry e Claude (Bordeaux, França): Estamos juntos há mais de 17 anos. Ambos já fomos casados duas vezes antes, por períodos curtos. Houve momentos em que questionamos se queríamos continuar juntos, mas sempre conseguimos voltar ao que amamos e respeitamos um no outro. E, até hoje, estamos felizes por termos feito essa escolha.

Thierry: Esta ferramenta me ajudou a refletir sobre os benefícios de usarmos estas ferramentas juntos. Tenho valorizado a experiência de realmente crescermos como casal. Para mim, tomar a decisão consciente, repetidamente, de crescer no meu relacionamento me traz mais alegria e satisfação. É uma experiência que eu não teria vivido se tivesse desistido nos momentos difíceis. Percebo que crescer juntos começa comigo, assumindo primeiro a responsabilidade pelo meu próprio crescimento.

Claude: No passado, eu valorizava minha independência acima de tudo e fugia rapidamente quando as coisas ficavam difíceis. As ferramentas e habilidades que aprendi com o baralho me ajudaram a crescer pessoalmente e, por meio do meu próprio crescimento, pude experimentar a alegria de evoluir junto com meu parceiro.

♥

Samantha (Carolina do Norte): Essa ferramenta, como muitas outras, desencadeou uma ótima conversa que talvez não tivéssemos tido de outra forma. Acabamos falando sobre onde cada um de nós se sente na atualidade tanto pessoal quanto profissionalmente, para onde queremos ir e como isso afeta nosso relacionamento. Percebi que sempre presumi que Connor sabia quais eram meus objetivos e sonhos. Fiquei surpresa ao compartilhar que estava me sentindo estagnada no meu desenvolvimento pessoal e profissional e descobrir que ele se sentia da mesma forma. Ele me deu alguns *feedbacks* e sugestões muito úteis. E acho que fiz perguntas que também o fizeram refletir (de um jeito positivo) sobre seu próprio crescimento e metas. No final da conversa, nos sentimos mais conectados e apoiados um pelo outro. Mesmo que nossos objetivos pessoais e profissionais sejam diferentes, dedicar um tempo para compartilhar, dar e receber *feedback* fortaleceu ainda mais nossa conexão.

Conclusão

DE ACORDO COM WILLIAM GLASSER, renomado psiquiatra e criador da Teoria da Escolha,* as pessoas são atraídas umas pelas outras por três razões:
1. Velocidade (atração física)
2. Qualidade (interesses e valores compartilhados)
3. Profundidade (comprometimento com os objetivos de vida e o relacionamento)

Um relacionamento baseado em velocidade pode ser muito emocionante – por um tempo. No entanto, a velocidade pode se transformar em irritação se o casal descobrir que não tem nada em comum. Por outro lado, há uma falta de faísca e excitação quando um relacionamento tem qualidade, mas não velocidade.

---

* Glasser, William and Carleen, Getting Together and Staying Together, Harper Collins, New Your, NY, 2010.

Tanto a velocidade como a qualidade podem desaparecer sem profundidade (comprometimento).

Com comprometimento, você pode aumentar (ou renovar) a atração e descobrir (ou redescobrir) interesses compartilhados, reservando um tempo para seguir as ferramentas encontradas em *Casais felizes permanecem juntos* repetidamente. As ferramentas são simples, mas profundas.

Assim como começamos, concluiremos com a ferramenta Comprometimento. O comprometimento não é apenas a base, ele está encadeado em todas as partes de *Casais felizes permanecem juntos*. Você pode achar interessante fazer o diário reflexivo para essa ferramenta novamente e compará-lo com o que você escreveu no começo. Alguma coisa mudou?

COMPROMETIMENTO

Comprometimento é um ato, não uma palavra.
— Jean-Paul Sartre

Comprometimento envolve adotar uma cláusula de "não saída" e, então, fazer o trabalho necessário para manter a felicidade em seu relacionamento. Um bom relacionamento não sobrevive à negligência. Comprometimento significa aceitar a responsabilidade por sua própria felicidade e pela felicidade do relacionamento – não esperar que outra pessoa o faça feliz.

Comprometimento significa reconhecer seu parceiro como um de seus maiores professores (mesmo quando você não gosta das lições) para o seu crescimento e desenvolvimento pessoal e espiritual. Pode ser uma jornada feliz.

Conclusão

 Diário reflexivo

- Registre o que o comprometimento significa para você e o que acha que significa para o seu parceiro. Descreva como suas ações demonstram o comprometimento ou a falta dele. (Não inclua como as ações do outro demonstram comprometimento ou a falta dele. Isso é sobre o seu comprometimento.)
- Quais ações você está disposto a realizar para tornar seu comprometimento significativo? (Dica: repita essas ferramentas pelo menos uma vez por ano.)
- Opcional: compartilhe com o seu parceiro.

Mantenha as ferramentas vivas

Uma maneira de manter essas ferramentas vivas é se envolver nas seguintes atividades repetidamente.

Atividade de diário reflexivo 1

- Se você tiver o baralho *Disciplina Positiva para casais*, escolha uma carta aleatoriamente do baralho. Se você não tiver o baralho, pode folhear este livro e parar aleatoriamente em uma página.
- Registre como você poderia usar a ferramenta que selecionou aleatoriamente para melhorar seu relacionamento.

Atividade de diário reflexivo 2

- Pense em um desafio específico que você está tendo em seu relacionamento.
- Escolha aleatoriamente uma carta do baralho (ou folheie aleatoriamente as páginas deste livro) e observe como você pode aplicar a ferramenta que escolheu ao desafio.

Depois de fazer essas atividades, muitas pessoas comentaram que realmente escolheram a ferramenta exata de que precisavam. Você pode achar útil repetir essas atividades em momentos de dificuldade quando não tiver certeza por onde começar – ou apenas por diversão.

Desejamos a todos muitos anos de felicidade em seu relacionamento!!!

♥